# 유스티노와 함께한 만각晩覺의 날들

이기창 지음
## 유스티노와 함께한 만각晩覺의 날들

발행 | 2025년 9월 26일
인쇄 | 2025년 9월 30일

글쓴이 | 이기창
펴낸이 | 장호병
펴낸곳 | 북랜드
　　　　04556 서울 중구 퇴계로41가길 11-6, JHS빌딩 501호
　　　　41965 대구 중구 명륜로12길 64(남산동)
　　　　전화 (02)732-4574, (053)252-9114
　　　　팩스 (02)734-4574, (053)252-9334
등록일 | 1999년 11월 11일
등록번호 | 제13-615호
홈페이지 | www.bookland.co.kr
이-메일 | bookland@hanmail.net

책임편집 | 김인옥
기　　획 | 전은경
교　　열 | 서정랑

ⓒ 이기창, 2025, Printed in Korea
저자와의 협의하에 인지를 생략합니다.

ISBN 979-11-7155-180-4　03810
ISBN 979-11-7155-181-1　05810 (E-book)

값 15,000원

이 책은 2025년 한국예술인복지재단
예술활동준비금지원사업으로 발간되었습니다.

# 유스티노와 함께한 만각晩覺의 날들

**이기창** 지음

북랜드

| 머리말 |

　성당에서 〈대구주보〉에 실려있는 '대구가톨릭대학교 유스티노자유대학원 인문학석사학위 과정 신입생 모집'이라는 소식을 접했습니다. 학교 문앞을 떠난 지 오래된 데다 배우기 위해 다시 학교에 간다는 생각은 해본 적이 없었는데 인문학이라는 세 글자가 크게 보였습니다. 나이가 많아지면서 육체적 활동이 줄어들고 사유의 시간은 길어지자 지나온 길을 되돌아보는 시간이 많아졌습니다. 생각이 깊어질수록 내 생각을 올바르게 글로 표현하거나 말로 전달하는 일이 어렵다는 사실을 느끼는 동시에 알던 것은 잊어버리고 모르는 게 자꾸 많아져 인문학 소양이 부족하다는 사실을 뒤늦게 깨닫게 된 것입니다.

　영상문화의 시대가 쓰나미처럼 밀려오는 혼란한 시기를 맞아 사회적 활동은 위축되고 디지털 영상이 블랙홀이 되고 있습니다. 사람들은 인쇄 문화에서 점점 멀어지고 글을 읽고 쓰는 자체가 인내력이 필요한 일이 되었습니다. 빠르게 지나가는 영상에 몰두하는 동안 영혼은 메말라가고 삶은 무미건조해지는 현실에서 인문학이 답이라는 생각에 이르게 된 것입니다.

 최원오 대학원장의 친절한 안내와 따뜻한 배려에 용기를 내어 입학한 뒤에도 최고령자로서 제대로 학업을 따라갈 수 있을지 긴장되었습니다. 전에 생각하던 인문학의 범주를 넘어 음악과 미술 과목이 들어 있어 생소했던 분야의 인문 지식을 넓히는 데 윤활유 역할을 했습니다. 정달용 원로 사제가 금방이라도 쓰러질 듯한 연로한 모습으로 강의를 시작할 때까지만 해도 걱정이 되었으나 강철 같은 목소리로 라틴어, 그리스어, 한문 등 여러 나라말을 기억의 주머니에서 꺼내어 분필이 부러지도록 칠판을 채우는 열정을 보면서 나이 탓을 한 자신이 부끄럽다고 생각하면서도 큰 용기를 얻었습니다. 정민 교수가 저서인 『비슷한 것은 가짜다』의 서문에 써 놓은 연암에 관한 글만 읽고도 인문학 공부를 시작한 보람을 느꼈습니다. 최원오 대학원장의 몸에 밴 친절과 겸손은 그 자체만으로도 학문 깊은 교부학 철학자의 살아 있는 가르침이 되었고, 철학과 인문학 강의를 통해 공자의 말씀인 '不學詩, 無以言, 不學禮, 無以立'을 실감했습니다. 성염 대사를 비롯한 원로 학자와 명망 있는 작가의 옴니버스 강의는 높은 경륜과 깊은 학문의 향기를 느끼게 한 신선한 충격이었습니다.

그리스도교 문화가 형성되던 초기에 그리스도교는 '참된 최고의 철학'이라는 '호교론'을 펼치다 참수형을 당하고 순교한 유스티누스 성인의 참 진리 사상과 영성이 충만한 유스티노자유대학원 캠퍼스와 함께한 2년은 만각晩覺의 날들이었습니다.

인문학의 한 분야를 깊이 있게 연구하기보다 모든 분야를 폭넓게 공부한 건 지식의 숲에 들어가는 작은 열쇠 하나를 찾는 과정이었다고 생각합니다. 그 과정을 보내고서야 자신이 얼마나 엉터리로 살아왔는지를 깨닫게 되었고 참 진리에 이르는 방법과 고전의 주인공인

선현先賢들을 만나는 상우천고尙友千古의 길을 겨우 엿볼 수 있게 되었을 따름입니다. 인문학의 여러 분야를 다루느라 한 분야의 극히 일부를 맛보기만 하고 그중에서 다시 한 토막을 골라 강의 내용과 소감을 과제로 쓴 것을 '수강 후기'라는 이름으로 정리했습니다. 내가 다루었던 부분이 매우 제한적이고 부실한 내용이지만, 그냥 두면 영영 기억에서 사라질 듯해서 강의 내용과 과제로 제출한 글을 정리하여 부끄러움을 무릅쓰고 책으로 남기는 일을 반성과 복습의 기회로 삼고자 합니다. 보잘것없는 흔적이라도 남길 수 있도록 용기를 준 최원오 대학원장과 부족한 글을 격려해 주고 책으로 만들어 준 북랜드 장호병 이사장께 감사의 말씀 전합니다. 끝으로 출판비를 지원해 준 한국예술인 복지재단에도 감사드립니다.

2025년 가을에
이 기 창

| 격려사 |

## 늦게야 사랑했나이다!

**최원오**(대구가톨릭대학교 교수, 전 유스티노자유대학원 원장)

　유스티노자유대학원은 인문학 석사 학위 Master of Liberal Arts 과정의 인문학대학원입니다. 대구가톨릭대학교에 남아 있는 인문학적 역량을 모아내고, 힘에 부치면 전국의 명사들에게 도움을 청하면서 2018년에 설립했습니다. 동서양 고전과 사상사, 문학, 예술, 사회를 아우르는 인문학 향연이 2년 동안 펼쳐집니다. 그러나 학기마다 8개 과목을 수강하여 32학점을 채우는 것은 만만한 일이 아닙니다.
　저는 지난 9월 1일에 유스티노자유대학원장 소임을 내려놓기까지 다양한 대학원생을 만났습니다. 20대에서 70대에 이르기까지 다양한 삶의 역사와 흔적을 지닌 분들이 학문 공동체에서 신비로운 조화를 이루어냅니다. 이기창 선생님은 처음부터 돋보였는데, 연세 때문이 아니라 꾸준히 갈고닦으신 수려한 필력과 인문학적 내공으로 말미암은 것입니다. 선생님의 눈은 학문적 호기심으로 빛났고, 새로운 지식과 학문에 늘 감동하셨습니다. 올해 초 학위수여식에서 석사모를 기쁘게 씌워드릴 때도 그 빈자리가 크게 느껴졌습니다.
　지난 늦여름 『유스티노와 함께한 만각의 날들』 초고를 들고 하양 캠퍼스에 몸소 찾아오셨습니다. 유스티노 캠퍼스에서 2년 동안 공부한 서른두 강의에 관한 치열한 기록이며 인문학 순례기였습니다. 작은 과제에도 진심을 담아 소논문처럼 작성하시던 선생님의 인문 정신이 빚어낸 보화입니다. 이 책은 한 개인의 학문적 성찰일 뿐 아니라, 대구가톨릭대학교 유스티노자유대학원 인문학과에 관한 소중한 증언이며 역사이기도 합니다. 스스로 낮추시어 '만각晩覺'이라는 제목을 붙이셨지만, 만각의 끝판왕은 서양의 스승 성 아우구스티누스(354~430년)가 아닙니까? 긴 방황 끝에 진리이신 하느님을 만난 아우구스티누스의 입에서 터져 나온 기도시가 바로 만각의 노래입니다. "늦게야 임을 사랑했나이다. 이렇듯 오랜, 이렇듯 새로운 아름다움이시여, 늦게야 임을 사랑했나이다." 우리가 함께 공부한 『고백록』 제10권 27장 38절에 나오는 글입니다.

  이기창 선생님께서 새기신 만각의 기록은 늦게야 찾고 사랑한 진리에 대한 고백이라 생각합니다. 이 책이 인문학에 대한 관심과 열정을 불러일으키는 불쏘시개가 되기를 바랍니다.

2025년 중추가절에

| 추 천 사 |

## 나를 비추는 거울을 만나는 시간

장호병((사)한국문인협회 부이사장)

이기창 사백님의 인문 에세이집 『유스티노와 함께 한 만각晩覺의 날들』 상재를 축하드립니다.

역사, 언어, 문화, 철학, 예술, 종교 등 다양한 분야의 지식을 통섭하면서, "나는 누구인가?" "어떻게 살아야 하나?" "어떤 세상을 만들어야 하나?"와 같은 인간존재와 삶에 대한 근원적인 질문이 식자와 교양인들 사이에서 큰 화두로 떠오른 지 오래입니다. 문화적 다양성을 존중하고, 다른 사람들과 소통하는 한편 윤리적 판단 아래 사회 구성원으로서의 책무를 다하는 삶을 영위하려는 인문학 열풍은 급격하게 변해가는 우리 사회의 위기의식을 말해주는 것이 아닌가 진단하는 사람들도 있습니다. 사유 영역을 넓히고, 인간과 그 문화에 대해 탐구하면서 삶의 품격을 높이려는 노력은 참으로 바람직해 보입니다.

퐁티Merleau Ponty, France, 1908~1961는 자연과 우주 속에 존재하는 모든 개체는 유일자로서 독특한 존재방식을 취하는 바, "이 무수한 개체들이 개별적으로 존재하는 것이 아니라 각각은 모든 다른 개체들의 거울로써 서로에게 자신을 넘겨주고 받는다."고 했습니다.

'나'는 어디에 있으며, '나'를 어떻게 만날 것인가.

근대 시민사회가 모순을 드러내기 시작하는 19세기 중엽 이후 '실존은 본질에 선행先行한다'는 실존주의 철학에 주목합니다. 실존은 절망의 현대사회에서 우리를 지켜줄 수 있는 방공호라 말하는 사람들도 있습니다.

인간의 본질은 실존함에 있습니다. 즉 존재의 의미를 이해하는 데 있습니다. 자신의 존재를 드러냄으로써 다른 존재자의 존재성까지 드러냅니다. 존재성은 언제나 관계 속에서만 일어납니다. 즉 '너와 함께'라는 공간성과 과거 현재, 미래를 관통하는 시간성 안에서만이 드러납니다.

대중사회, 익명의 사회에서는 우리의 본래성과는 달리 육안을 통한 존재자적 지각에 기울어지는 비본래성의 경향이 두드러집니다. 남이 그렇게 하니 나도 그렇게 한다는 식으로 대중이나 익명 속에 숨어 자신을 합리화하려 합니다. 남의 시선, 육신의 안락과 쾌락, 부귀와 명성 등에서 벗어나지 못하면 궁극으로 자신은 물론 타자들을 배반하는 삶을 살게 됩니다.

타인은 단순한 경쟁상대가 아닙니다. 상식이나 기성 가치관에 매몰되지 않고 주체성으로부터 출발하여 둘도 없이 소중한 자신의 인생을 위해 정진하는 본래적 자세로 우리의 생을 받아들여야 합니다.

이 책은 저자가 대구가톨릭대학교 유스티노자유대학원 인문학 석사과정을 수학하면서 수강 후기 형식으로 집필한 인문학 입문서입니다. 많은 석학들이 교수진으로 참여하도록 커리큘럼을 설계하였기에 더없이 효과적인 책이 되었습니다.

철학 문학 예술 종교 고전 등 다양한 분야에서 철학적 인식의 폭을 넓힌 '앎'의 세계에서 '나는 누구인가'를 살피고, 어떻게 '삶'을 영위하여야 하는지를 실천함으로써, 다른 사람들과 공감하고 소통할 수 있는 '닮'음의 세계로 나아갈 수 있게 한다는 점에서 이 책은 훌륭한 인문학 입문서이자 지침서입니다.

인문학적 사유가 자신을 비추는 거울이 될 것입니다. 많은 독자들이 이 책을 통해 앎을 씨실로, 삶을 날실로 교직하여 우리가 살아가는 무대가 아름다운 총화를 이루는 서로 간 '닮'음의 세계가 되었으면 좋겠습니다.

| 차 례 |

- 머리말 · 4
- 격려사 | 늦게야 사랑했나이다!_최원오 · 8
- 추천사 | 나를 비추는 거울을 만나는 시간_장호병 · 10

## 제1부 한국고전

연암 박지원, 다산 정약용 · 18

## 제2부 동양고전

논어 · 24
장자 · 28
맹자 · 33

## 제3부 서양고전

그리스도교 철학 · 38
단테의 신곡 · 44
아우구스티누스의 고백록 · 53
토마스 아퀴나스의 신학대전 · 58
소크라테스의 변명 · 63

## 제4부 동서양 사상사

한국 미술사 · 70
서양 미술사 · 78
서양 중세의 사상과 문화 · 82
라틴아메리카 문화 · 86
현대 영성의 이해 · 93
과학과 신앙 · 98

## 제5부 문학

문학과 인생 · 104
한국 현대 문학 · 108
동양의 출판 문화 · 113
거룩한 책 · 116
시편 · 120

## 제6부 예술

명상 그림 · 124
음악의 신비 · 128
서양 고전 음악 · 132
예술 사회학 · 137

### 제7부　사회 문화

문화와 평화 · 142
세계의 시민성 · 146
땅과 경제 정의 · 150
포스트모던 시대의 윤리 · 154
대인 관계 심리학 · 161
인문과 사회 · 166
사회 교리 · 170
통합 생태론 · 176

### 제8부　사색의 뜰

전통의 향기 도동서원 · 188
이 또한 지나가리라 · 192
나의 도반 찻사발 · 196
이리 오너라 · 201
디지털의 늪에 빠지다 · 205
일체유심조―切唯心造 · 209
팔공산 아미타여래 삼존불 · 214
내연산 선일대 신송神松 · 219

제 1 부

**한국고전**

## 연암 박지원, 다산 정약용

　성균관대학교 정민 교수와 한양대학교 안대희 교수, 대구가톨릭대학교 백민정 교수가 함께한 한국 고전 옴니버스 강의는 인문학 강의의 꽃이 되었다. 정민 교수는 연암 박지원의 《열하일기》를 주제로 '연암에게 길을 묻다'라는 자료로 연암의 사상과 문학을 흥미진진하게 강의했다. 정민 교수가 《열하일기》를 해설한 저서 『비슷한 것은 가짜다』를 읽고 글쓰기의 답을 찾았다. 정민 교수의 글에 심취하여 《시경詩經》의 시 3백 편을 따른 삼국 시대부터 근대까지 명편 7언 절구 시 300수를 엮은 《우리 한시 삼백수》를 사서 읽고 있다. 안대희 교수는 '다산' 정약용 선생의 행복한 가정 설계안과 '거가사본居家四本'이라는 교재로 '가정에서 지켜야 할 네 가지 근본'을 강의, 대구가톨릭대학교 백민정 교수는 '정약용의 공부법 : 가족에서 사회로'라는 자료로 '다산이 본 인간성과 덕德, 인仁, 충서忠恕'를 논하고 천주天主라는 말을 쓰지 않고 상재上宰라는 말을 쓴 의미심장한 사유에 유의했다.

▧ 수강 소감 - 《열하일기》에 빠지다

'연암에게 길을 묻는다'라는 화두로 해준 정민 교수의《열하일기》 강의는 우리 고전의 진수를 맛보게 해주는 길을 알려주었다. 연암이 대표적인 북학파 실학자라는 사실은 배워서 알고 있었으나 정민 교수의 말처럼 '우리 문학사에 가장 빛나는 성좌星座'인 대문장가라고 하는 사실은 미처 알지 못했다. 한국 고전이 어려운 한문으로 쓰였기에 가까이하기가 쉽지 않아 관심을 가지지 못했던 탓도 있다. 연암의《열하일기》는 한문 필사본만 전해 오다가 다행히 근년에 단국대학교에서 연암의 초고 20여 절이 영인본으로 발견되었다고 한다.

근년 들어 학자들의 노력으로 연암과 관련된 여러 책이 나왔는데 그중에서도 정민 교수의 해설을 곁들인 『비슷한 것은 가짜다』라는 책은 연암 문학을 공부하는 데 가뭄에 단비 같은 귀중한 책이라 생각하게 되어 다른 책보다 먼저 사서 읽었다. 정민 교수가 26권 10책이나 되는 방대한 내용의《열하일기》에서 발췌하여 짧은 시간이지만, 효율적으로 해준 강의는 매우 흥미롭고 뜻이 깊은 내용이어서 감동적이었다. 그중에서도 「공작관문고 자서孔雀館文稿 自序」 이야기는 사람의 인성과 글 쓰는 자세를 가르치고 있어서 가장 인상적이었다.

나는 듣는데 남은 못 듣는 경우와 남은 듣는데 나는 못 듣는 귀울음과 코골이 이야기는 "얻고 잃음은 내게 달려있지만, 기리고 헐뜯음은 남에게 있다. 비유하자면 이명耳鳴이나 코 골기와 같다."고 하여 득실재아, 회여재인得失在我, 毁譽在人을 은유적으로 표현한 글이라는 생각이 들었다.

수년 전에 어느 수필단체에서는 연암이「일신 수필」을 쓴 날을 기념하여 7월 15일을 '수필의 날'로 정하고 기념행사를 하고 있기도 하다. 수필을 쓴답시고 관련된 서적을 읽으면서도 우리나라 최초의 명수필에 관심을 가지지 못한 점이 무척 아쉽게 느껴진다. "글이란 뜻을 나타내면 그만일 뿐이다. 저 제목에 임해 붓을 잡기만 하면 문득 옛말을 생각하고, 억지로 경전의 뜻을 찾아 생각을 꾸며 근엄하게 하며 글자마다 무게를 잡는 자는, 비유하자면 화공畫工을 불러 진영眞影을 그리는 데 용모를 고쳐서 나가는 것과 같다."라는 연암의 글은 오늘날 글 쓰는 이의 정곡을 찌르는 교훈으로 들린다.

연암이 아들에게 보냈다는 "문장에 고문古文과 금문今文의 구별이 있는 게 아니다. 자신의 문장이 한유韓愈와 구양수歐陽脩의 글을 모방하고 반고班固와 사마천司馬遷의 글을 본떴다고 해서 우쭐하고 으스대면서 지금 사람을 하찮게 볼 그것은 아니다. 중요한 것은 자신의 글을 쓰는 것이다."라는 글은 연암의 글 쓰는 자세와 문학에 대한 진정성을 느끼게 해줄 뿐 아니라 모든 작가에게 울리는 경종처럼 들린다.

정민 교수의 연암 독본『비슷한 것은 가짜다』의 초판 서문에 쓴 메모 글이 감동이다. "연암의 글은 한 군데 못질한 흔적이 없는데도 꽉 짜여 빈틈이 없다. 그의 글은 난공불락의 성채다. 방심하고 돌진한 장수는 도처에서 복병과 만나고 미로와 만나 손 한 번 써보지 못하고 주저앉고 만다."라는 글은 연암의 학문이 얼마나 높은 경지에 있는지 알게 해준다.

《열하일기》는 그 속에 담긴 깊은 의미를 알면 알수록 놀라움과 감동에 빠져들게 해준다. 일종의 여행 수필인데도 그 속에는 중국의 앞선 문물과 생활상이 담겨있고 천문 지리, 역법, 요술, 기악은 물론 다양한 학문적 토론 내용이 들어 있어 연암의 해박한 지식과 깊은 학문에 놀라지 않을 수가 없다. 선비와 양반문화가 주류를 이루던 시대에 토속적 속담이나 하인들의 농담을 섞은 기문奇文 때문에 패관잡기稗官雜記로 몰리기도 했지만, 부조리한 세상사를 은유적으로 비판하고 바로 잡으려는 저항 정신으로 문학의 사명을 훌륭하게 이루어 냈다고 생각한다.

정민 교수의 『비슷한 것은 가짜다』를 읽으면서 글쓰기의 가장 모범 교본을 찾았다는 생각이 들 만큼 반가웠다. 오욕을 버리고 진솔한 마음으로 《열하일기》를 공부하여 나의 글쓰기 좌표로 삼아야겠다는 다짐을 해 본다. 연암 문학에 숨어있는 진주를 캐내어 그 맛을 느낄 수 있게 된다면 오늘 하루가 황홀한 일몰의 시간이 되지 않을까 싶다.

\* 참고문헌 : 정민 『비슷한 것은 가짜다』, 태학사 2020, 강의 자료

# 제 2 부

## 동양고전

# 논어

대구가톨릭신문사 사장을 맡고 있는 최성준 이냐시오 신부가 논어 강의를 했다. 유가 철학은 고려 시대와 조선 시대를 거쳐 현대까지 한국 사상의 근본으로 자리 잡고 있다. 유가 철학의 대표적인 사상인 공자의 생애와 춘추전국시대의 역사적 배경을 강의하고, 인仁과 예禮의 상관관계, 인의 핵심 실천인 충서忠恕에 대한 이해, 효와 경, 군자에 대한 가르침을 다루었다. 최성준 신부는 베이징대학교에서 중국 철학을 전공했고 저서로 『가득 찼어도 텅 빈 듯이』가 있다.

▧ 수강 후기 - 《논어》 이야기

신부님이 서양 고전이나 그리스도교 철학이 아닌 동양고전을 강의하는 강의 계획표를 보고 처음에는 의아하게 생각했다. 막상 강의에 앞서 대학원장님 소개를 듣고 의문이 풀렸다. 강의를 해주실 최성준 신부님은 북경대학교에서 중국 철학을 전공했고 신학교에서 사제 양성 교육을 담당했으며 교구 홍보국장으로서 《빛》잡지 주간을 다년간 맡았다는 이야기에 고개가 끄덕여졌다. 수능시험에서 전국 수석을 할 만큼 수재라는 사실에 놀라면서 좀 아깝다는 생각이 든 건 국가 사회를 위한 더 큰 역할을 바라는 욕심인지도 모른다.

《논어》는 기원전 450년경에 쓰인 책으로 제자들이 공자 생전의 대화를 모아 놓은 것이라는 설명과 함께 고대 중국의 대략적인 역사와 시대적 배경, 공자의 가계 이야기를 재미나게 풀어 놓는다. 당신이 생각하는 대로 살지 않으면 당신은 사는 대로 생각하게 된다는 '폴 발레리'의 명언을 소개하고 왜 책을 읽어야 하는지를 강조한다. 짧은 강의 시간을 아껴 논어의 내용을 축약해서 강의하기가 쉽지 않을 텐데 즐겁고 유익한 시간이었다. 제대로 된 논어 공부는 이제부터 각자의 몫으로 돌리고 강의 자료로 내준 유인물에서 2개를 발췌하여 성경과 대비하여 제출하라는 과제를 내주었다.

선택이 쉽지 않았지만, 공자께서 말씀하신 '군자화이부동君子和而不同, 소인동이불화小人同而不和'와 자공이 공자에게 질문한 '군자역유오호君子亦有惡乎'를 골랐다.

군자는 상대방을 존중하여 조화를 이루되 자신의 정체성을 지키면서 주어진 임무를 수행함으로써 부화뇌동하지 않는다. 그러나 소인은 이익을 탐하므로 이익을 추구하는 사람들과 함께하더라도 조화를 이루지 못한다. 올바른 명분과 의로운 판단보다는 이해관계에 따라 행동한다. 논어에는 이와 비슷한 말씀으로 '군자주이불비君子周而不比, 소인비부주小人比而不周' 즉 군자는 두루 원만하지만, 편을 나누지 않고, 소인은 편을 가르고 한쪽으로 치우쳐 파벌을 만든다는 말씀도 있다.

공자의 이 말씀을 선택한 이유는 군자는 '교언영색巧言令色'하지 않고, '극기복례克己復禮'에 힘쓴다는 말씀과 '군자유어의君子喩於義, 소인유어리小人喩於利'라는 말씀을 모두 아우르는 깊은 뜻을 지니고 있다고 생각하기 때문이다.

일주일에 두 번 이상은 꼭 만나게 되는 레지오마리에 단원끼리도 생활 나누기를 하다가 생각이 다른 이야기가 나오면 받아들이지 못하고 얼굴을 붉히는 일이 종종 있다.《禮記》에 이르기를 '군자의 교제는 담백하여 물과 같고, 소인의 교제는 달콤하여 단술과 같다'라고 했듯이 달콤한 말만 좋아했다. 오늘날 우리나라가 좌파와 우파, 진보와 보수, 여당과 야당으로 갈라져 극한 대립하면서 자기 편이 아니면 무조건 제거해야 하는 적으로 삼는 현실을 생각하면 이 시대에 꼭 맞는 말씀이라는 생각이 든다. 점점 복잡해지는 사회 현상은 다양성을 초래하게 되었기에 서로 다름을 인정하고 함께 조화를 이루는 사회를 이룩하는 노력이 절실하다 하겠다.

가톨릭교회가 타 종교를 존중하여 조화로운 관계를 유지하되 스스로 정체성을 지키고 하느님 말씀인 사랑을 실천하고 있다는 점에서 가톨릭 신자임을 자랑스럽게 생각한다. 공자께서 미워한다는 말씀은 옳지 않음으로 하지 말아야 하는 그것을 역설적으로 강조했다는 생각이다. 다른 사람의 허물을 들추어내고, 윗사람을 비방하거나, 용맹하나 예가 없고, 과감하기만 하고 융통성이 없으면 인이 아니라는 말씀을 하셨다. 자공 역시 눈치를 살피고 기회를 엿보는 것을 지혜로 알 거나, 공손하지 않은 것을 용맹으로 착각하는 것, 남의 허물을 들추어 내는 것을 정직으로 여기는 자를 미워하여 공자와 뜻을 같이하였다.

공자의 이 말씀을 택한 것은 군자의 도가 인으로 귀결되고 인은 가톨릭의 사랑과 다르지 않다는 생각 때문이다. 군자가 지켜야 할 도로 인을 가장 먼저 꼽았다. 인은 사랑(아가페)과 씨앗(杏仁) 통하다(不仁)를 내용으로 하고, 예禮라는 형식을 갖추어야 하며, 인仁은 유기由己이지 유인由人이 아니라 하였다. 공자께서는 충서忠恕가 한마디로 군자의 도[一貫之道]라 했다.

성경의 고린도전서 13장 말씀 '사랑'에는 공자께서 수없이 많이 말씀하신 군자의 도보다 훨씬 구체적이고 다양하게 들어 있기에 많은 사람의 영적 양식이 되고 있듯이 논어 또한 삶의 지침서로 남을 귀중한 고전이라 생각한다.

\* 참고문헌 : 《논어》, 김원중 옮김 2018, 최성준 신부 강의 자료

# 장자

대구가톨릭대학교 최동석 안드레아 신부가 중국 고전은 동아시아의 학문과 문화 전통의 뿌리일 뿐만 아니라 현대인의 삶에도 소중한 지침이 된다고 했다. 오늘날 현대인의 삶에 많은 영향을 끼치는 중국 고전의 핵심 가치와 맥락을 이해하는 데 필요한 소양을 키우는 데 중점을 두었다.

▨ 수강 후기 - 장자莊子에 대한 소고小考

1. 머리말

장자莊子의 본명은 주周이고 자子는 자휴子休로 알려져 있으며 춘추전국시대의 제자백가諸子百家 중의 한 사람으로 안후이성 출신이다. 《장자》 외편 〈추수秋水〉편에 초나라 위왕威王의 초청을 거절하고 자연에 귀의하여 가난하게 살았다. '호접지몽胡蝶之夢'을 경험하고 만물 일원론萬物一元論을 주장하면서 자연으로 돌아갈 것을 역설했다. 노자老子의 영향을 받아 도교道敎 사상을 다졌고, 도교道敎에서는 남화진인南華眞人, 남화진경南華眞經이라 불렀다.

장자莊子는 '내편' 7권, '외편' 15권, '잡편' 11권의 책을 써서 노장사상老莊思想의 토대가 되었다.

2. 장자莊子의 사상과 인생론

장자莊子는 만물은 도道에서 태어나 도道로 돌아간다고 하였다. 그래서 만물萬物은 하나라는 '만물일원론萬物一元論'을 주장하였고 인생도 바람에 흔들리는 초목이나, 일었다 사라지는 구름처럼 태어났다 잠시 놀다가 자연으로 돌아가는 것이라 하였다. 삶은 옳고 그름으로 나누어지지 않고 둘은 혼자가 아니라 하나로 보아 잘 조절하여 한 편으로 모아 가야 한다. 작은 생각에 머물지 말고 대붕大鵬처럼 크게 생각해야 한다. 근심의 근원인 육체와 정신을 버리고 나를 잃어버린(오상아吾喪我) 상태에서 자연법칙에 따르면서 자유와 독립을 얻어 세계 밖에서 유유히 노니는 경지에 이른 사람이 '진인眞人'이라 하였다.

장자莊子의 가르침을 요약하면,

1) 인간세人間世

인간 세상의 갈등과 분열을 없애고 올바른 처세로 자유롭게 살아야 한다. 새장 속의 새는 먹고 사는 걱정에서는 벗어나 육체적인 만족은 얻을지라도 정신은 사라진다. '人皆知有用之用 而 莫知無用之用也'라 하여 사람은 모두 쓸모 있음의 쓸모만 알고 쓸모없음의 쓸모는 모른다고 하였다. 곱추 '지리소'가 장수하고 광인인 '접여가 장수하듯이 굽은 나무가 산을 지킨다는 이야기를 예화로 들어 가르친다. 당시는 춘추전국시대로 처신를 잘해야 사나운 군주로부터 목숨을 보전할 수 있다고 했다. 자신을 드러내고 너무 잘난 척하면 적이 많아져서 스스로 보전이 어렵게 되는 건 오늘날도 마찬가지다.

2) 양생주養生主

생명을 북돋우는 근본 이야기로 자연의 이치에 따라 살다가 자연으로 돌아가는 무위 사상無爲 思想을 주장했다. 이때 無爲는 아무것도 않는 그것이 아니라 인위적으로 하지 않는다는 뜻이다. 문혜군文惠君과 백정 포정 이야기를 예화로 들어 '삶에는 끝이 있는데 끝이 없는 것을 탐하면 위험에 빠진다'는 가르침이다. '미야모도 무사시'의 정신.

3) 덕충부德充符

귀와 눈을 즐겁게 하는 것들에서 무관심하고 덕이 조화를 이루는 경지에서 노닐게 해야 한다. 충만한 덕의 징표로 내면의 덕이 충만할 때 드러나는 모습이다. 인위를 배제하고 자연을 지키는 데서 이루게 된다. 교육은 말없는 가르침이라야 하고 인문 고전을 꾸준히 학습하여 덕을 쌓으라는 가르침이다. 노자의 '도덕경' 법정 스님의 '텅 빈 충만'.

4) 제물론齊物論

만물을 평등하게 보는 자유의 경지. 불교의 팔식八識(안식眼識, 비식鼻識, 설식舌識, 신식身識, 의식意識, 말라식末那識, 무의식無意識)과 통한다. 제물齋物은 일종의 생활 태도이고 생활 방식이나 지식이 아니다.

오상아吾喪我 즉 나를 버리고 망아지경忘我之境에 들어 백가쟁명百家爭鳴에서 벗어나라는 가르침으로 불교의 가르침인 무아無我와 유사하다.

5) 대종사大宗師

가장 높은 스승이라는 뜻으로 인간을 위대한 도의 스승으로 섬긴다. 천지는 사람과 같고 삶과 죽음은 하나다. 천지일여, 생사일여天地一如, 生死一如로 도道는 형체가 없어서 전해 줄 수는 있어도 받을 수는 없다고 했다. 보통사람과 달리 탈속한 기인처럼 무위를 실천하면 지인至人, 진인眞人, 성인聖人, 신인信人에 이를 수 있다.

6) 응재왕應帝王

제왕이 갖추어야 할 도리를 가르친다. 제왕은 무의無意의 정치를 해야 하고 자연의 도리에 순응順應해야 한다. 지인至仁의 마음은 거울과 같이 싫다고 배척하지 말고 곱다고 환영하지 않으며 비추어진 것이 떠나도 자취를 밝히려 하지 않아야 한다. 경이치심敬以治心, 신이처사愼以處事 즉 공경함으로써 마음을 다스리고 신중함으로써 일을 처리하라고 가르친다.

7) 소요유逍遙遊

도道는 존재를 의미하고 자연의 힘을 뜻하는 것으로 개념이 아닌 눈에 보이는 것이다. 무는 세계의 시작이고 내재적 근원이다. 따라서 유有와 무無는 하나라고 했다. 도의 본성은 생성에 있고 생성은 유有가 된다는 뜻은 어려운 가름침인데 불교의 오온五蘊의 이치와 비슷하다는 생각이 든다. 도는 공허 속에 모이므로 허정虛靜은 그 자체가 목적이 아니고 절대 자유를 찾아야 한다. 영혼을 정화하는 심리 기재로 심재心齋, 좌망坐忘의 경지로 가야 한다. 한마디로 육신의 집착에서 벗어나 일었다 사라지는 한 점 구름처럼 자연의 이치에 따라 자유롭게 노닐다 가는 것이 인생이다.

### 3. 맺는말

장자莊子의 사상과 철학은 인간세人間世에 바탕을 두고 여섯 편을 펼치고, 끝에 소요유逍遙遊에 다다르게 된다. 분별지分別智를 초월하고 좌망坐忘과 심제心齋의 경지에 이르도록 노력하고 자유롭게 노니는 것이 도道가 된다고 하였다. 대표적인 사상인 호접몽胡蝶夢도 꿈과 나비가 하나라는 뜻이다. 노자老子와 장자莊子가 유가儒家의 인의仁義를 배척하고 자연주의를 주창한 공통점이 있으나 노자老子는 현실 정치에 관심을 가졌지만, 장자莊子는 순수한 자연주의 무위주의無爲主意였다. 훗날 죽림칠현竹林七賢 출현에도 영향을 끼친다.

오늘날 과학의 발달에 따른 신자본주의에 의한 대량 소비와 개인주의 만연으로 빈부의 격차가 심해지고, 전쟁과 탐욕으로 자연이 파괴되고 기후변화로 인한 재앙이 그치지 않는 현실을 생각할 때, 장자莊子의 자연주의 사상과 상선약수上善若水의 가르침은 시사하는 바가 크다는 생각이 든다.

\* 참고문헌 : 최동석 신부의 교재와 강의 내용

# 맹자

대구가톨릭신문사 사장인 최성준 신부가 사서四書 중 맹자를 강의했다. 중국 전국시대 유가 철학자인 맹자의 생애와 당시 시대 배경을 살펴보고 대표적인 저서인《맹자》의 저술 배경과 주된 사상인 민본주의와 인간 심성에 대해 살폈다.

인간 본성에 대한 맹자의 주장과 사덕四德, 사단칠정四端七情을 다루고 부동심不動心을 기르는 방법과 대장부 사상과 맹자의 정치 철학인 민본 중심의 인정仁政에 대해 본문 중심으로 강의했다.

▩ 수강 후기 -《맹자》읽기

본문 : 孟子 公孫丑 上(3장 6절)
孟子 曰:"人皆有不忍人之心, 先王有不忍人之心, 斯有不忍人之政矣. 以不忍至心, 行不忍人之政, 治天下可運於掌上. 所以謂人皆有不忍人之

心, 今人乍見孺子將入於井, 皆有怵惕惻隱之心, 非所以內交於孺子之父母也, 比所以要譽於鄉黨朋友也, 比惡其聲而然也. 由是觀之, 無惻隱之心, 非人也; 無羞惡至心, 非人也; 無辭讓之心, 非人也; 無是非至心, 非人也. 惻隱之心, 人之心端也; 羞惡至心, 義之端也; 辭讓之心, 禮之端也; 是非至心, 智之端也. 人之有是四端也, 猶其有四體也. 有是四端, 而自謂不能者, 自賊者也. 謂其君不能者, 賊己君子也. 凡有四端於我者, 智皆擴而充之矣. 若火之始然, 泉之始達, 苟能充之, 足以保四海; 苟不充之, 不足以事父母."

해석 : "맹자께서 말씀하셨다. 사람에게는 모두 다른 사람(의 고통)을 견디지 못하는 마음이 있다. 옛 제왕들은 다른 사람(의 고통)을 견디지 못하는 마음이 있어서 인민들(의 고통)을 견디지 못하는 정치를 베풀었다. 다른 사람(의 고통)을 견디지 못하는 마음으로 인민들(고통)을 견디지 못하는 정치를 하니, 세상을 다스림은 손바닥 위에서 운용할 수 있다. 사람에게 모두 다른 사람(의 고통)을 견디지 못하는 마음이 있다고 말하는 까닭은 다음과 같다. 이제 어떤 사람이 아장아장 걷는 아이가 우물에 들어가는 것을 느닷없이 보게 된다면 모두 깜짝 놀라 측은히 여기는 마음이 생길 것이다. (이는) 그 아이의 부모와 교제하기 위한 그것도 아니고 마을 친구들에게서 명예를 얻기 위한 것도 아니며, 그 소리가 싫어서 그런 것도 아니다. 이것으로 볼 때 측은해하는 마음이 없으면 사람이 아니고, 부끄러워하고 미워하는 마음이 없으면 사람이 아니며, 사양하는 마음이 없으면 사람이 아니고, 시비를 판단하는 마음이 없으면 사람이 아니다. 측은해하는 마음은 인

의 단서이고, 부끄러워하고 미워하는 마음은 의의 단서이며, 사양하는 마음은 예의 단서이고, 시비를 판단하는 마음은 지智의 단서이다. 사람에게 이런 네 가지 단서가 있는 것은 마치 그에게 사지가 있는 그것과 같다. 이런 네 가지 단서를 가지고 있는데 스스로 할 수 없다고 말하는 사람은 자신을 해치는 자이다. 네 가지 단서가 나에게 있으니, 모든 사람이 그것을 전부 확충할 줄 안다면, 마치 불이 막 일어나듯 하고 샘이 비로소 흘러내리듯 할 것이다. 확충할 수 있다면 세상을 충분히 안정시킬 수 있지만, 확충하지 못한다면 부모님조차 섬기지 못할 것이다." (「동양고전연구회 역주 맹자」에서 인용)

▩ 수강 후기 - 측은지심惻隱之心

기원전 300여 년 전 중국이 춘추전국시대에 맹자는 《맹자》라는 책에서 군주가 갖추어야 할 덕목으로 민본주의 사상인 인정仁政을 강조했다. 한편, 서양에서는 기원전 400여 년 전에 플라톤이라는 철학자가 『국가론』이라는 책에서 인간이 사는 세상을 동굴에 비유하여 동굴에 살다가 밖으로 나온 인간에게 정의와 사랑을 깨우치게 하여 이상적인 국가를 건설하자고 주장했다. 먼 옛날 비슷한 시기에 동서양의 철학자가 정의와 인仁을 뿌리로 하는 인간성을 중시한 것은 21세기 지구촌의 실상을 예견이라도 한 듯하다. 급속하게 진행된 세계화는 종교와 다문화 간의 충돌을 불러왔고 전쟁과 테러, 빈부 격차와 성폭력 등 많은 사회문제로 인간 삶을 힘들게 하고 있다.

그리스도교 사상을 중심으로 하는 서양 고전과 유가 철학 사상을 담은 사서오경은 좋은 인성을 길러야 한다는 점에서 유사한 가르침이 많다. "자신이 원하지 않는 일을 남에게 시키지 말라己所不欲, 勿施於人"는 공자의 말씀은 성경의 황금률인 그러므로 "무엇이든지 남에게 대접을 받고자 하는 대로 너희도 남을 대접하라."(마태복음7.12)라는 말씀과 같은 가르침인데 실천이 어렵다.

신앙인으로서 한 주에 두 번 이상은 만나게 되는 성당의 레지오 단원끼리도 생활 대화 중에 생각이 다른 주장이 나오면 담담하게 받아들이지 못하고 급기야 모임에서 나가는 사례도 있다. 오늘날 우리나라의 사회 현실은 좌파와 우파, 진보와 보수로 갈라져 극한 대립하면서 내 편이 아니면 적으로 삼아 제거하려는 현상이 만연하는 등 참으로 무서운 세상으로 치닫고 있다. 세계가 하나의 지구촌을 이루고 살기에 서로 다름을 인정하고 조화를 이루려는 노력이 절실한 때 맹자의 가르침이 큰 교훈으로 다가온다. 맹자의 사상인 사단四端을 실천하고 '수기안인修己安人' 즉 스스로 갈고닦아 이상적인 인격을 완성하여 모두가 더불어 행복한 삶을 누리는 세상이 오기를 기대한다.

\* 참고문헌 : 《맹자》, 동양고전연구회 2017, 최성준 신부 강의 내용교재

제 3 부

서양고전

# 그리스도교 철학

원로 사제인 정달용 요셉 신부가 그리스도교 철학을 강의했다. 플라톤, 아리스토텔레스, 플로티노스에 의해 형성된 고대 그리스 철학과 그리스도교 철학의 권위자인 신부님은 제1회 한국가톨릭 학술상을 받았고, 지난해도 제28회 한국가톨릭 학술상을 받았다. 그리스도교 철학의 형태를 완성하여 '서양의 스승'으로 불리는 아우구스티누스 성인의 철학과 사상에 조예가 깊은 노사제의 강의는 인문학 강의의 백미라 하겠다.

1967년에 사제 서품을 받고 독일 프라이부르크 대학에서 수학했다. 광주가톨릭대학교 교수를 거쳐 대구가톨릭대학교 교수로 후진 양성에 헌신하고 2004년에 정년 퇴임했다. 한국 중세 철학회 초대 회장, 한국가톨릭 철학회 부회장을 역임 했다. 저서로는 『그리스도교 철학』이 있다.

▨ 수강 후기 - 아우구스티누스는 누구인가?

강의실로 들어오는 80대 중반의 허리 굽고 여윈 모습으로 금방 앞으로 쓰러질 듯한 노교수님을 보는 순간 강의실엔 잠시 불안한 정적이 드리워졌으나 정적은 금방 깨어졌다. 넘어질 듯한 자세로 마이크를 잡자마자 노교수는 젊은 사자가 되어 포효하기 시작했다. 몸은 노쇠해도 눈빛은 강렬하고 목소리에는 강철이 들어있다. 칠판에 판서하는 손에 힘이 들어가 분필이 부러진다. 그리스어, 히브리어에 영어로 해설을 달고 한문을 자유자재로 쓰는 모습을 보면서 대단한 기억력에 감탄을 금치 못했다.

아우구스티누스의 생애부터 굽잇길이 펼쳐진다.

서기 354년 로마제국에 속해있던 누미디아 지방의 타가스테(알제리 북쪽 지중해 연안 수크아라스)의 작은 도시에서 태어나서 아프리카 계통의 로마 시민이 되었다. 고향을 떠나 아프리카 지역의 수도 카르타고에서 수사학修辭學을 전공했다. 18세에 치체로의 철학적 저서 『호르텐시우스』를 읽고 '지혜에 대한 사랑'으로 수사학에서 철학에 몰두하게 되고 '생각하는 길'에 들어선다. 19세에 생활비 문제로, 다시 고향으로 돌아와 학교를 차렸으나 이듬해 다시 카르타고로 가서 9년 동안 수사학을 가르치다 '성서' 읽기를 시작했으나 '철학'을 느끼지 못하고 실망한다. 실망했던 그는 우연히 이란의 예언자 마니Mani, 216~277의 교설을 접하게 된다. 마니교설은 이 세계는 선신善神과 악신惡神의 싸움터라 했고 이 교설 속에 '지혜'가 담겨있다고 생각해서 9

년 동안이나 추종자가 되었지만, 계속 마음이 무거워서 카르타고의 교직을 그만두고 로마로 갔다. 로마에서 아카데미아 학파의 회의론懷疑論에 집착하게 되고 그 속에 지혜가 있다고 여겼다.

30세에 당시 로마 총독인 시마쿠스A.Symmacus, 345~401의 주선으로 밀라노의 수사학 교사로 천거되어 밀라노의 주교主敎인 암브로시우스Ambrosius, 340~397를 만나게 되고 그의 박학한 설교를 듣고 성서聖書에 대한 오해를 풀게 된다. 이후 유명한 학자들을 통해 신 플라톤 철학을 발견하고 이 철학에 대한 그리스도교적 해석도 접하게 된다. 아프리카 출신의 철학자 빅토리누스가 희랍어에서 라틴어로 번역한 프로티노스와 포르피리오스의 저서들을 읽고 '다른 세계'를 느끼게 된다. 감각적 세계를 넘어 '다른 세계'를 추구하는 '지적회심知的回心'을 이루었으나 '도덕적 회심'을 이루지는 못했다. 암브로시우스 주교가 아버지처럼 섬기는 심플리치아누스로부터 빅토리누스가 성서를 접하고 그리스도교에 귀의하게 된 사실을 전해 듣고 충격을 받는다. 어느 날 황제의 근위병 장교인 폰티치아누스가 찾아와 안토니우스Antonius, 251~356에 대한 이야기를 들려준다. 성서의 말씀을 실천하여 고행자로 산 안토니우스의 생애를 기록한 책을 읽고 감격하게 되어 자신도 고행자로 살아가기로 결심한다. 386년 가을에 시골 별장으로 가 사색과 저술의 시간을 갖게 되고 이듬해 부활절에 암브로시우스 주교로부터 세례를 받는다. 그 후 아프리카의 타카스테로 되돌아와 공동체를 만들어 수도원 같은 생활을 한다. 그해 이웃 큰 도시 히포Hippo를 방문하게 되고 히포의 주교는 그를 사제로 서품시켜 자신의 사목을 돕게 하였는데 396년 히포의 주교가 죽자, 아우구스티누스는 히포의 주교가 되고 많은 저서를 남긴다. 대표적인 저서는 『고백록Confessions』(397~401)과 『신국론De civitiate EDI』(413~426)이다. 430년 게르만 민족인 반달족이 히포 시를 포위하던 중에 76세를 일기로 생을 마친다.

아우구스티누스의 생애에 대한 굽잇길이 끝나자, 이번에는 사상의 향연이 시작된다.

아우구스티누스는 플라톤의 이데아론과 플로티노스의 '내려옴'과 '올라감'의 철학을 받아들인다. 거기에 유대-그리스도교(헤브라이즘)의 계시 진리 즉 성서를 그의 사상 속에 받아들여 '틀[構造]'로 삼고 유대-그리스도교의 계시 진리를 그 내용으로 삼는다. 이런 작업이 그리스도교 철학을 탄생시키는 기반이 된다.

◦ 신神

아우구스티누스는 플라톤의 이데아론을 통해 신은 모든 '있는 것'의 원천이라는 생각을 하게 된다. 하나하나의 '있는 것'은 "신 속에서 하나의 몫을 차지하기 때문"이라 생각한다. 신은 '참된 것'의 원천이며 '선한 것'의 근원이라 했다.

◦ 내려옴 – 창조

아우구스티누스는 이데아들을 모두 신의 정신 속에 집어넣는다. 그래서 이데아들은 신의 '생각들'이 된다. 이제 신은 이 생각들에 따라서 사물들을 만들어낸다. 즉 모든 사물을 창조creatio해 낸다. 이것은 플로티노스의 '내려옴'이라는 '틀'에 계시 진리가 하는 내용인 '창조'

를 결합한 것이다.

◦ 올라감 - 구원

모든 것은 신으로부터 창조되었기 때문에 모든 것은 신에게로 돌아간다.

아우구스티누스는 프로티노스의 '하나'에서 흘러나왔다는 '유출설'이 '범신론'으로 받아들여질 가능성과, 모든 그것이 남김없이 '하나'로 되돌아간다는 주장이 계시 진리와 서로 조화될 수 없다는 점을 감안하여 손질하게 된다.

◦ 참된 것 - 이성

아우구스티누스에 의하면 인간은 이성으로 참된 것을 찾아 나선다. 첫째는 밖으로 나가서 감각적인 사물 속에서 참된 것을 찾아내려 하지만, 사물은 결국 사라지게 되고 그들 속에서 '참된 그것 자체'를 만날 수 없게 된다. 둘째로 우리 안으로 들어오게 된다. 의식 속에는 사물들의 인상들과 형상들이 모여있어 감각적인 사물보다 오래 지속되지만, 결국 사라지게 되고 이 속에서도 '참된 것 자체'를 만날 수 없게 된다. 셋째로 결국 자신마저도 뛰어넘게 되는 초월에 이르게 된다. 참된 것 자체가 '빛'으로 비추어주기 때문에 그 '조명'으로 '참된 것 자체' '진리 자체'인 신을 만나게 된다.

○ 선한 것-의지

인간은 '선한 것'을 찾고 감각적인 사물 속에서 쾌락을 찾지만, '선한 그것 자체'를 만날 수 없고 성실하게 살려고 해도 의무와 책임을 다할 수는 없어서 '자기 자신을 사랑하기'와 '신을 사랑하기' 사이에서 마지막 선택하게 된다. 아우구스티누스에 의하면 '신을 사랑하기'를 선택한 사람은 구원받지만, '자기 자신을 사랑하기'를 택한 사람은 구원받지 못한다. 그러나 그 선택은 '선한 그것 자체'인 신이 인간에게 손을 내밀 때 즉 은총恩寵이 주어질 때 인간이 신을 선택하는 것이 가능하게 된다.

아우구스티누스가 고대 희랍 철학인 플라톤의 '이데아론'과 프로티노스의 '내려옴'과 '올라감'의 철학의 틀에 유대-그리스도교의 계시라는 내용을 담아 신, 창조와 구원을 표현해 낸 '그리스도교 철학'을 탄생시키게 되었다. 그리스도교 철학에서는 인간에게 행복은 '최고선最高善', 인간 스스로 획득해야 하고 진리를 명상하는 것이 최고선이고 진리 중의 진리는 바로 하느님이라는 결론에 이르게 된 것이 아우구스티누스의 사상이라 한다.

늦은 나이에 강의를 들으러 다니면서 가끔 느꼈던 망팔에 무슨 공부냐는 회의가 눈 녹듯 사라지고 오히려 부끄럽다는 생각이 한 가닥 바람을 일으킨다. 구순을 앞둔 노교수의 해박한 지식과 대단한 기억력에 감탄하면서 잃어버릴 뻔한 평상심을 되찾게 되는 계기가 되었다. 서양 철학의 권위자인 노신부님으로부터 그리스도교 철학의 교부인 아우구스티누스 성인에 대한 강의를 듣게 된 건 큰 행운이었다.

\* 참고문헌 : 《그리스도교 철학》, 정달용 2011, 강의자료

# 단테의 신곡

대구가톨릭대학교 프란치스코 칼리지 김운찬 교수의《신곡》강의는 저자 단테 알리기에르의 생애와 다양한 문학적 지식을 알아보는 데 큰 도움이 되었다. 특히 〈지옥〉편의 저승 이야기가 흥미로웠다. 단테가《신곡》을 저술하기 전에《향연》을 먼저 썼으므로 김 교수가 번역한『향연』부터 읽었다.

김운찬 교수는 이탈리아 볼로냐대학교 대학원에서 기호학 박사학위를 받았다. 저서로『현대 기호학과 문화 분석』,『〈신곡〉읽기의 즐거움』이 있고, 번역서로 단테의『신곡』, 단테의『향연』, 움베르트 에코의『논문 잘 쓰는 법』,『일반 기호학 이론』,『이야기 속의 독자』외 다수가 있다.

▨ 수강 후기 -알리기에리 단테의《신곡》중 〈지옥〉편의 5곡을 읽다.

지난여름에 교수님이 2010년에 최초로 번역한 『향연』을 먼저 읽었다. 『향연』은 '철학자 시인'으로 불리는 단테 알리기에리가 해박하고 풍부한 사상과 지식을 가진 대단한 시인이라는 사실을 알게 해주었고 《신곡》을 공부하는 데 큰 도움이 되었다.

단테는 중세에서 근대로 이어지던 시기에 그리스 철학과 로마의 그리스도교 신학, 자연 과학 등 여러 방면에 걸쳐 두루 공부하였다고 한다. 젊은 시절에 '청신체파'라는 혁신적인 문학 운동을 주도하면서 베아트리체를 매개로 지식의 향연을 집대성한 《향연》이라는 책을 쓰기 시작했다. 단테의 저서는 시집 《Rime》이 사랑의 즐거움과 괴로움을 노래하였고, 《새로운 삶》은 사랑의 과정을 이야기하고 있다고 배웠다. 《향연》은 베아트리체를 매개로 지식의 잔치를 펼치고, 《신곡》에서는 베아트리체를 하느님의 은총으로 천상에 존재하는 것으로 승화하였다. 이처럼 단테의 문학은 베아트리체에 대한 사랑을 노래한 것이 전부라고 해도 지나치지 않을 만큼 베아트리체가 처음부터 끝까지 중심을 차지하고 있다고 생각된다.

1265년에 피렌체에서 태어난 단테는 30세경에 정치 활동을 시작하여 피렌체 코무네Comune의 최고위원으로 선출되기도 하였으나 당파싸움에서 패배하여 여러 지방을 떠돌면서 생활하다가 고향 피렌체에 돌아오지 못하고 라벤나라는 작은 도시에서 생을 마치고 그곳에 묻히게 된다. 베아트리체의 죽음과 망명 생활의 고통이 베아트리체에 대한 사랑을 더욱 그리워지게 하였고 그런 마음이 《향연》 쓰기를 중단하고 《신곡》을 쓰게 된 동기가 된 게 아닌가 싶다.

지옥 구조는 크게 보아 9개의 '원圓, cerdhio'으로 구분되고 24개 구역으로 세분되어 있다. 두 번째 원에 속하는 5곡은 호색한이나 간통, 애욕의 죄인들이 지옥의 심판관인 미노스의 심판을 받고 '모든 빛이 침묵에 잠기는 곳, 맞부딪치는 바람들이 싸우는 전쟁터, 폭풍이 휘몰아치는 바다가 으르렁거리는 곳'에서 세찬 바람에 휩쓸리는 고통스러운 벌을 받는 지옥으로 묘사하고 있다.

단테는 5곡에서 베아트리체를 직접 언급하지는 않았으나 역설적으로 지옥에서 고통받고 있는 여러 명의 애욕의 죄인을 보여줌으로써 자신이 베아트리체와 나누었던 사랑을 고귀하고도 이상적인 사랑으로 승화시켰고 천국에 간 베아트리체를 흠모하였다고 생각하게 된다. 베아트리체의 부탁을 받은 베르길리우스가 단테의 지옥 여행을 안내한다. 음란을 합법화할 정도로 정욕이 너무 강했던 세미라미스, 원하지 않은 결혼에서 벗어나기 위해 자살을 선택한 카르타고의 여왕 디도, 외도로 트로이전쟁의 빌미를 제공한 헬레네, 사랑 때문에 트로이전쟁에서 싸우다 죽은 아킬레우스가 고통받고 있는 모습이 보인다. 마법에 걸려 숙모인 아졸대를 사랑하게 되었으나 둘 다 비극적인 죽음을 맞이한 트리스탄의 모습도 가리킨다.

애욕의 죄인 중 단테가 가장 길게 언급한 사건은 라벤나 영주의 딸 프란체스카와 그의 시동생이자 연인인 파울로가 저지른 간통 이야기이다. 수업 교재 중 5곡의 내용 "프란체스카는 라벤나의 귀족 구이도 다 폴렌타의 딸로 리미니의 귀족 잔초토 말라테스타와 결혼하게 되었는데, 잔초토는 불구의 몸이었기에 동생 파울로를 결혼식에 대신

내보냈고, 나중에 그런 사실을 알게 된 프란체스카는 파울로를 사랑하게 되었으나 발각되었고, 두 사람은 잔초토에게 죽임을 당했다."라는 실제 사건 이야기는 특별히 기억에 남는다. 단테는 안내자에게 요청하여 '어두운 바람에 실려 거품처럼 가볍게 손을 맞잡고 떠도는 그 영혼들'과 얘기를 요청한다. 사랑의 속박이 이끈 죽음에 대해 측은한 마음을 전하면서 사랑의 뿌리가 두 사람을 옭아맨 사연을 듣는다. 프란체스카는 랜슬롯의 사랑 얘기(전설의 아서왕이 총애하던 기사 랜슬롯이 왕비 귀네비어와 사랑을 나누는 이야기)를 읽다가 파울로와 사랑에 빠진 이야기를 우아하고도 애절한 말로 설명한다. "읽어 가는 동안 우리는 서로 여러 번 눈을 마주쳤어요. 얼굴도 여러 번 붉혔지요. 그러다 한순간이 우리를 엄습했어요. 사랑에 빠진 그 여인이 오랫동안 기다린 입술에 입 맞추는 대목을 읽었을 때, 그이는 온몸을 부들부들 떨면서 내게 입을 맞추었어요. 그리고 나를 결코 떠날 수가 없게 되었어요. 우리는 그날 더 이상 읽지 못했어요."라는 구절은 두 연인이 나누는 간절한 사랑의 모습을 보는 듯하고, 오늘날도 일어날 수 있는 영화의 한 장면을 보는 듯하다. '랜슬롯의 사랑 얘기'에서 먼저 입을 맞춘 것은 랜슬롯이 아니라 여왕이었는데도 랜슬롯이 먼저 입을 맞춘 것으로 묘사하고, 자신들도 파울로가 먼저 입 맞춘 걸로 왜곡함으로써 프란체스카는 자신을 변명하고 결백을 주장하였다. "한 영혼이 말하는 동안 다른 영혼은 울고 있었다. 비통한 소리에 에워싸인 나는 그들이 불쌍해 죽어가는 사람처럼 정신을 잃고 시체가 쓰러지듯 지옥의 바닥에 무너져버렸다."라고 한 단테는 프란체스카의 이런 이야기에 연민을 느끼고 그들의 죄를 가볍게 생각했다.

단테는 이브가 에덴동산에서 아담을 유혹했고 왕비 귀네비어가 랜슬롯을 유혹했듯이 프란체스카가 파울로를 유혹했다는 사실을 알면서도 반대로 남자가 유혹한 것으로 도치시킨 이유가 무엇인지 생각하게 한다. 당시 시대상으로 짐작해 볼 때 여성의 적극적인 구애 행위가 사회 분위기에 맞지 않다는 사실이 이유일지도 모른다는 생각이 든다. 한편, 단테가 정적에게 패배하고 객지에 떠돌면서 고통스러운 생활 중에 《신곡》을 쓴 것으로 볼 때 모든 초점을 베아트리체와의 사랑에 맞추었고, 당파싸움에서 자신의 부탁을 들어주지 않은 교황 보니파키우스 8세가 살아 있음에도 지옥에 배치하는 등 억울해하는 모습도 보여준다. 베아트리체를 하느님의 은총을 상징하는 천상의 존재로 승화하고, 자신이 잠시 다른 여인에게 마음을 빼앗겼던 잘못을 천국에 있는 베아트리체의 안내를 받으면서 용서를 구함으로써 뉘우치는 인간적인 모습도 보여준다.

1300년 3월 부활절을 전후하여 일주일 동안 살아 있는 몸으로 저승인 지옥, 연옥, 천국을 여행하고 돌아온 여행기를 쓴 《신곡》은 감미롭고도 미려한 언어들로 구성되어 있고 그 속에는 문학과 미술, 음악, 조각 등 다양한 분야를 망라하고 있어 종합 예술 작품이라고 생각하게 된다. 특히 단테는 프란체스카의 입을 통해 사랑의 묘약 같은 본질을 얘기한다. "상냥한 마음에 재빨리 불붙는 사랑은 빼앗긴 내 아름다운 육체로 이 사람을 사로잡았으니, 아직도 나는 괴롭답니다."라고 한 프란체스카의 탄식에는 속임수와 허영, 마약 같은 사랑의 씨앗이 들어 있어 보인다. 결국 "사랑은 우리를 하나의 죽음으로 이끌었고, 우리를 죽인 자를 카이나가 기다린다오."라고 하면서 그들의 사랑이 죽음도 뛰어넘는 그것으로 묘사하고 있는 것은 프란체스카와 파울로의 잘못된 사랑 이야기를 통해 역설적으로 단테 자신과 베아트리체의 관계를 고귀한 사랑으로 승화시킨 감동적인 시라고 생각하게 된다.

평소 접하기 어려웠던 서양 최고의 고전을 이번 강의를 통해 접하고 단테 문학의 대단함을 알게 되었고 고전 읽는 즐거움과 인간의 삶과 죽음을 성찰하는 계기가 되었다.

- 단테《향연》을 읽고

고대 서양의 사상은 희랍 철학과 그리스도교 철학이 그 근원을 이루고 있고 두 사상이 만나 중세 서양 문명이 형성되었다. 그리스 철학과 그리스도교 철학의 차이점은 그리스 철학에는 구원과 은총에 관한 인식이 없다는 것이다. 소크라테스로부터 시작된 그리스 철학 사상은 플라톤, 아리스토텔레스 등의 철학자로 이어지면서 현실성과 합리성에 근거한 사상이 주류를 이루었다. 그리스도교가 저변을 넓히면서 합리성을 초월하는 헌신성과 구원이 포함되는 그리스도교 철학으로 발전된다. 로마의 저명한 변호사인 테르툴리아누스는 불합리하기에 그리스도교 신앙을 믿는다고 했다. 서양사상을 알기 위해서는 서양 철학의 아버지로 불리는 아우구스티누스 성인과 대학의 창시자인 토마스 아퀴나스를 비롯한 수많은 철학자에 관해 공부해야 한다. 중세 그리스도교 수도원의 역사와 전통을 이해하고 대학성립,

발전, 쇠퇴와 스콜라 철학의 전통을 알아야 한다. 정치권력과 그리스도 교권 간의 갈등을 보면서 소유권과 청빈 사상 간의 갈등 문제를 알게 된다. 서양 사상사나 서양 철학이 2년 동안 강의의 많은 부분을 차지하고 있고 대표적인 철학자별로 단일 강좌가 구성되어 있다. 분량이나 내용이 워낙 방대하므로 전문적인 지식을 연구하기보다는 큰 틀에서 개요를 알아 가기에도 벅찬 과정이다. 서양 사상사의 내용과 흐름에 대해 짧은 시간에 줄여서 강의해준 김율 교수도 무척 힘들었을 거라는 생각이 들었다. 향연을 읽고 감상을 적으라는 과제를 내주었다. '향연'이라는 제목으로 책을 쓴 철학자는 플라톤이 대표적이고 크세노폰이라는 학자도 있는데 두 철학자의 철학 이야기가 윤리적이고 고전적 형식이라면 단테 알리기에르의 향연은 칸초네라는 운문 산문 형식으로 썼고 고전적 형식이 아닌 이야기체의 글이라 할 수 있다.

《향연》은 모두 4권으로 구성되었고 텍스트의 이해에 필요한 자료가 담긴 역주를 덧붙인 형식이라서 반복해서 읽어야 하는 많은 분량이었다. 《향연》은 '철학자 시인'으로 불리는 단테 알리기에리가 얼마나 해박하고 풍부한 사상과 지식의 소유자인지 알면 알수록 감탄하지 않을 수가 없다.

'향연'의 의미가 여러 사람이 함께 모여 술을 마시면서 음악을 듣고 시를 낭송하며 다양한 주제를 두고 토론하는 사교모임이라는 점에서 우리 선조들의 '시회詩會'를 연상하게 했다. 단테는 "지식은 우리 영혼의 최종적인 완성이며, 그 안에 우리의 최종적인 행복이 있기에, 자연히 우리는 모두 그 욕망에 이끌린다."라고 했다. 그러나 여러 사정으로 그 고귀한 욕망을 실현할 수 있는 사람이 많지 않고 소수만이 지식을 얻고 행복을 얻을 수 있을 뿐이라고 했다. 단테는 그런 상황을 잔치와 음식으로 비유하여 은유적으로 '향연'이라고 표현하였다.

단테는 젊은 시절에 사랑했던 베아트리체 이야기를 쓴 『새로운 삶』에서 '고귀한 여인'에 대해 이야기했는데 그것이 문자 그대로 해석되어 다른 여인에 대한 사랑 고백으로 오해를 받았다. 부정적인 비판에 힘들던 상황에서 정치에도 실패하는 바람에 고통스러운 시기를 보내던 중에 해명을 위해 《향연》을 쓰게 되었다고 한다.

처음에는 15권을 쓰기로 구상했으나 4권만 쓰고 중단했으므로 4권이 한 권의 책으로 번역되어 나왔다. 제1권은 서론으로 지식에 대한 철학적 접근 동기와 앞으로 쓰게 될 주제와 내용을 설명하고 그 지식을 나누어 줄 향연의 구성과 방법을 이야기했다. 제2권에서는 자신이 쓴 칸초네를 해설하는 방법을 설명하고 천사들의 분류와 품계에 대해 논했다. 제3권에서는 '지혜의 사랑스러운 사용'으로서 철학에 대한 찬양과 그에 대한 자신의 열정을 강조하고 비평가들의 비난이 부당하다고 주장했다. 제4권은 고귀함에 대해 논의하는데, 도덕성 즉 덕성의 실천을 강조했다.

《향연》은 단테가 철학에서 얻은 방대한 주제를 다루고 있는데 백과사전을 방불케 한다. 이미 700여 년 전에 정치, 천문, 지리, 윤리와 신학, 언어에 대해 다룬 내용이 놀랍도록 상세하고 해박한 지식이다. 지식의 빵을 되도록 많은 사람에게 나누어주기 위해 상류층 지식인이 사용하는 라틴어가 아닌 속어로 쓴 것은 하층 민중을 배려했다는 점에서 단테의 지식 나눔 열망을 느낀다.

　운문 형식인 칸초네를 노래하고 산문 형식으로 해설하였다는 점에서 중국 고전 《시경詩經》을 떠올리게 한다. 어떤 이유에서 처음 구상을 바꾸고 4권으로 중단했는지 모르지만, 아마도 《신곡》을 쓰게 된 때문일 거라고 하니 《신곡》도 읽어야겠다고 생각하게 된다. 서양 사상사 강의를 통해 서양의 뿌리인 그리스·로마 문명과 서양사상의 두 가지 원천을 배웠고, 지혜에 대한 사랑과 '사랑'으로서의 철학을 공부하고 나서 《향연》을 접하게 되어 철학적이고 어려운 내용을 음미하는 데 도움이 되었다.

　　* 참고문헌 : 《신곡》 단테 알리기에리, 박상진 옮김, 민음사 2024,
　　　　　　　《향연》 단테 알리기에리, 김운찬 옮김, 나남 2010, 강의 교재

## 아우구스티누스의 고백록

유스티노 자유대학원 원장인 최원오 교수가 교부들 가운데 가장 큰 산이자 인문학의 거장으로 서양 철학의 아버지로 불리는 아우구스티누스 성인의 생애와 사상을 강의했다. 최원오 교수는 이탈리아 로마의 아우구스티누스 대학교에서 '교부학' 박사학위를 받고 부산가톨릭대학교 교수를 거쳐 대구가톨릭대학교에서 2018년 3월 1일 오광식 박사에 의해 전국 최초로 설치된 유스티노 자유대학원 원장을 같은 해 11월 1일에 이어받아 실질적인 산파역을 맡아 학문적 토대를 만들었다. 《교부학사전》을 공동 번역한 공로를 인정받아 2024년 제28회 한국가톨릭 학술상 본상을 받았다. 《고백록》 강의를 통해 핵심 사상과 본문을 설명하고, 인문학에 관한 기원과 용어 등 인문人文의 참뜻을 강의했다. 저서로 『교부들의 사회 교리』가 있고, 공저로 『내가 사랑한 교부들』, 『교부들에게 배우는 삶의 지혜』, 『명인록』(히에로니무스 저)이 있다. 성염 교수(교황청 설립 살레시안 대학교 라틴

문학 박사로 교황청 대사 역임)와 서강대학교 배성진 교수가 아우구스티누스 교부의 철학과 사상에 관해 심도 있는 특강을 했다. 성염 교수가 2016년에 우리나라 최초로 번역한 《고백록》은 가장 권위 있는 우리말 번역본이라고 한다.

▨ 수강 후기 - 아우구스티누스의 생애

　서기 354년 로마제국에 속해있던 북아프리카의 누미디아 지방의 타가스테(알제리 북쪽 지중해 연안 수크아라스)의 작은 도시에서 공무원이던 아버지와 독실한 신자인 어머니 모니카의 아들로 태어나서 아프리카 계통의 로마 시민이 되었다. 훗날 쓴 《고백록》에는 소년기에 "늘 놀기 좋아해서, 연극에서 본 것을 흉내 내려고 안달하면서 저는 헤아릴 수 없이 많은 거짓말로 선생들과 부모님까지 속이곤 하였습니다."라고 썼을 만큼 악행을 저질렀다. 아버지는 어려서부터 비상한 재주를 보인 아들을 위해 가산을 털어서 대도시로 유학을 보낸다. 고향을 떠나 아프리카 지역의 수도 카르타고에서 수사학修辭學을 전공했다. 카르타고로 가자마자 여자와 동거하고 열여섯 나이에 아들을 낳고 '이데오타투스'라는 이름을 지어준다. 청년 시절에도 방탕한 생활로 생애 전반에 세 여인을 사랑했다. 아들에 대한 사랑이 유난했던 어머니 모니카는 훗날 아들이 밀라노 황실 교수가 되자 16년간이나 품어오던 여자를 결혼의 방해물이나 되듯이 옆구리에서 떼어내 아프리카로 쫓아 보내고 열두 살짜리 양갓집 규수와 약혼을 시킨다.

　18세에 치체로의 철학적 저서 《호르텐시우스》를 읽고 '지혜에 대한 사랑'으로 수사학修辭學에서 철학에 몰두하게 되고 '생각하는 길'에 들어선다. 19세에 생활비 문제로 다시 고향에 돌아와 학교를 차렸으나 이듬해 다시 카르타고로 가서 9년 동안 수사학을 가르치다 '성서' 읽기를 시작했지만, '철학哲學'을 느끼지 못하고 실망한다. 실망했던 그는 우연히 이란의 예언자 마니Mani, 216~277의 교설을 접하게 된다. 마니, 교설은 이 세계는 선신善神과 악신惡神의 싸움터라 했고 이 교설 속에 '지혜'가 담겨있다고 생각해서 9년 동안이나 추종자가 되었지만, 카르타고에 와 있던 교주 파우스투스를 만난 뒤 실망하게 되고 계속 마음이 무거워서 카르타고의 교직을 그만두고 로마로 갔다. 29세에 어머니를 속이고 로마로 갔으나 신체 질병이라는 태형을 겪게 된다. 로마에서 '아카데미아 학파'의 회의론懷疑論에 집착하게 되고 그 속에 '지혜'가 있다고 여겼다.

30세에 당시 로마 총독인 시마쿠스A.Symmacus, 345~401의 주선으로 밀라노의 수사학 교사로 천거되고 밀라노의 주교主敎인 암브로시우스Ambrosius, 340~397를 만나게 되어 그의 박학한 설교를 듣고 성서에 대한 오해를 풀고 진리에 눈뜨게 되면서 마니교에서 탈출한다. 발렌티아누스 2세 황제 즉위 10주년을 기념하는 축일에 바칠 축사를 준비하면서 부담을 느껴 거리를 거닐면서 거지의 행복한 모습과 자신의 불행을 비교하면서 깨달음을 얻는다. 32세에 유명한 학자들을 통해 신 플라톤 철학을 발견하고 이 철학에 대한 그리스도교적 해석도 접하게 된다. "플라톤 학파는 자기네 학설에서 몇몇 말마디와 문장을 몇 개만 바꾸면 자기네가 그대로 그리스도인이 됩니다."〈참된 종교 4.7〉라 했듯이 신 플라톤주의가 되어 창조의 원리인 '내려옴'과 '올라감'의 이론을 그리스도교의 '창조'와 '구원'의 원리로 받아들인다. 아프리카 출신의 철학자 빅토리누스가 희랍어에서 라틴어로 번역한 프로티노스와 포르피리오스의 저서들을 읽고 '다른 세계'를 느끼게 된다. 감각적 세계를 넘어 '다른 세계'를 추구하는 '지적 회심知的 悔心'을 이루었으나 '도덕적 회심'을 이루지는 못했다. 암브로시우스 주교가 아버지처럼 섬기는 심플리치아누스로부터 빅토리누스가 성서를 접하고 그리스도교에 귀의하게 된 사실을 전해 듣고 충격을 받는다. 어느 날 황제의 근위병 장교인 폰티치아누스가 찾아와 안토니우스 Antonius, 251~356 이야기를 들려준다. 성서의 말씀을 실천하여 고행자로 산 안토니우스의 생애를 기록한 책을 읽고 감격하게 되어 자신도 고행자로 살아가기로 결심하지만, "저에게 절제를 주소서. 그러나 지금은 마시옵소서."라는 모순된 기도를 바치고 참회의 눈물을 흘린다.

386년 가을에 시골 별장으로 가 사색과 저술의 시간을 갖게 되고 이듬해 부활절에 암브로시우스 주교로부터 세례를 받는다. 그 후 아프리카의 타카스테로 되돌아와 공동체를 만들어 수도원 같은 생활한다. 그해 이웃 큰 도시 히포Hippo를 방문하게 되고 히포의 주교는 391년에 37세인 그를 사제로 서품시켜 자신의 사목을 돕게 하였는데 396년 히포의 주교가 죽자, 아우구스티누스는 히포의 주교主敎가 되고 많은 저서를 남긴다. 주교가 된 어느 날 바닷가를 거닐며 사색에 잠겼다. 모래톱에 조그만 구덩이를 파놓고 조개껍질로 부지런히 바닷물을 퍼 나르는 아이를 헛보고 후대 모든 삼위일체 신학의 교본이 되는 《삼위일체론》을 집필했다. "내 작품 중 어느 것이 《고백록》보다 더 많이 알려지고 사랑받을까?"라고 했을 만큼 《고백록》을 대표작으로 여겼고 중세는 물론 현대까지도 가장 사랑받는 명저로 남았다. 로마제국이 무너지는 혼란 중에도 인류의 지평선을 내다보는 역사신학서 《신국론De civitiate EDI》(413~426)을 썼다. 430년 게르만 민족 반달족이 히포 시를 포위하던 중에 바울로 사도 다음가는 위대한 사상가는 76세를 일기로 생을 마친다.

친구 포시디우스가 아우구스티누스 성인을 얼마나 높이 평가했는지 알려주는 글을 음미하면서 위대한 성인의 생애를 다시 생각하게 되었다.

"그분께서 교회에서 말씀하시는 것을 직접 듣고 직접 뵐 수 있었던 사람들, 특히 그분께서 민중 속에서 살아가는 방식을 알았던 사람들이야말로 훨씬 더 많은 은혜를 받은 사람들이라고 나는 생각한다."

\* 참고문헌 : 최원오 교수. 성염 대사. 배성진 교수 강의 교재

## 토마스 아퀴나스의 신학대전

신창석 교수는 독일 프라이부르크 대학교에서 철학 박사 학위를 받고 한국학술진흥재단의 초빙 교수와 대구가톨릭대학교 교수를 역임했다. 저서로 『Imago Dei』, 『Natura hominis』, 『성공적 행위를 위한 테마 철학』, 『꽃에 대한 기억이므로』 등이 있다. 서양 철학 강의는 토마스 아퀴나스의 《신학대전》 읽기에 중점을 두고 이루어졌다. 서양 문화가 중세 황금기로 일컬어지는 13세기에 대학의 형성 과정과 토마스 아퀴나스의 철학을 강의했다. '교회의 스승' 또는 '보편적 스승'으로 추앙받게 된 토마스 아퀴나스의 생애와 신학대전의 형성 과정과 철학적 구조, 신학 대전에 나타난 토마스 아퀴나스의 존재 철학의 핵심 강의를 통해 《신학대전》을 바르게 읽을 수 있는 교양적 기반을 마련해주는 데 역점을 둔다고 했다.

유럽의 아버지, 정복자로 불리면서 크리스천이었던 칼 대제(샤를마뉴, 768~814)는 스스로 그리스도교의 수호자로서 그리스도 국가의 문예부흥을 위한 교육 제도를 설립했다. 칼 대제의 칙령으로 모든 그리스도교 주교좌 대성당과 대수도원은 성직자 교육을 위한 학교를 갖추어야 했다. 대학 발생의 3대 요인으로 유럽 최초로 책이 등장했고, 도시의 발생으로 한 도시에 하나의 대학이 생기고 도시 이름과 대학 이름이 같은 현상이 이어졌다. 중세에 스승과 제자를 찾아다니는 대학 유랑 현상이 생기고 대학에서는 라틴어를 사용했다. 토마스 아퀴나스는 아리스토텔레스의 자연 철학과 그리스도교의 신앙을 종합하여 '존재 철학'을 구현하였다. 토마스 아퀴나스의 삶은 어린 나이에 대학에 입학하여 여러 대학을 거쳐 교수가 되고 여러 대학을 떠돌아다니며 가르치다 대학에 묻힌 전형적인 '대학의 삶'이었다. 《신학대전》과 토마스 아퀴나스의 쾰른 대학 시기에 건축이 시작된 쾰른 대성당의 '쾰른 돔'의 구조를 비교하면서 《신학대전》은 6,000편의 논문으로, '쾰른 돔'은 깎은 돌로 구조화되어 있음을 비교 설명했다.

  토마스의 인간학은 인간을 만물의 영장이라기보다는 '결핍의 존재'로 보았고 행복에 대한 물음을 인간학적 과정에서 고찰했다. 인간은 태어나면 도와주지 않으면 살지 못하지만, 다른 동식물은 스스로 자란다. 인간은 나면서부터 선악을 구분하지 못하므로 가르쳐야 하고 선과 악의 기준은 행복, 진복이라고 했다.

▧ 수강 후기 - 토마스 아퀴나스의 '행복론'에 대해
- 행복의 개념

  행복은 행운이 아니다. 운명은 우연에 의해 많이 좌우되기는 하지만, 행운은 우연에 속한다. 행복은 이성으로 깨닫고 자유 의지로 선택하는 필연적 결실이라고 했다. 행복의 개념적 특성은 그 역할이 그릇과 같다고 할 수 있다. 그릇은 음식을 담는 도구이듯이 행복도 그릇과 같은 개념이다. 인간은 행복이라는 그릇을 추구하는 게 아니라 행복이라는 그릇에 담은 음식을 먹는다. 따라서 행복이라는 그릇에 무엇을 담는가가 중요하다. 행복의 보편적 원리는 행복이라는 그릇에 담을 메뉴를 어떻게 선택하는가에 달려있다. 자아 밖에서 메뉴를 찾는 방법과 자아 안에서 찾는 방법이 있다. 자아 밖에서 찾는 경우 돈, 명예, 명성, 권력 등을 추구하게 되고 자아 안에서 찾는 경우는 육체적 선이나 쾌락, 또는 정신적 선을 추구하는 데서 찾는다. 그렇다면 과연 찾는 대상이 세상에 있는가 하는 의문이 생길 수도 있다. 따라서 행복에 대한 정의는 사람마다 인생관에 따라 다르므로 무엇을 추구할 것인가도 다르게 된다.

  아리스토텔레스는 "행복이란 모든 행위가 추구하는 목적이다."라고 하여 행복이 삶의 목적이라고 하였다. 행복하기 위해 살아가는 모든 인간이 내가 무엇을 할까 결정하기 전에 내가 추구하는 행복이 어떤 것인지를 알아야 한다고 했다. 아리스토텔레스는 "만물은 자기 보존의 원칙을 따른다."라고 했고 토마스 아퀴나스는 "인간은 자기 극복의 법칙을 따른다."라고 했다. 인간의 육체를 배에 비유하고 의지와 이성이 합쳐진 영혼을 선장에 비유하여 선장의 의무가 손님을 안전하게 태워 주는 데 있듯이 인간은 자신이 아닌 다른 무엇을 자신의 목적으로 삼는다. 인간의 참된 행복은 쾌락에서 비롯된다는 주장이 있지만, 쾌락은 행복의 특성을 수반하므로 쾌락 자체의 강도를 높여가는 중독성이 있고 어느 한계를 지나면 고통에 이른다. 아직 세상에는 영원한 쾌락이 발견되지 않았으므로 인간이 누릴 수 있는 모든 쾌락이나 즐거움은 일시적이고 순간적인 행복에 속한다. 마약으로 얻는 쾌락은 중독성이 따르고 결국 비극으로 끝나는 것과 같다.

◦ 행복의 선택 기술

인간의 행위를 행복한 행위와 불행한 행위로 구분하기는 어렵다. 같은 일을 해도 사람에 따라 행복을 느낄 수도 있고 불행을 느낄 수도 있다. 모든 의식적 행위는 목적을 가지는 데 목적과 행위가 같은 경우와 다른 경우가 있다. 행위와 행위의 목적이 같은 경우는 행복하고 다른 경우는 고통이 될 수 있다. 행위와 행위의 목적이 같은 자체 목적적 행위가 가지는 특성으로부터 도출되는 선택의 기술이 있다.

첫째, 인간 행위는 동기에 따라 자율적 행위와 반응적 행위로 구분된다. 자율적 행위는 자신의 자유 의지로 선택하는 행위이므로 자신이 행위에 대한 책임을 진다. 반대로 반응적 행위는 타인의 의도에 따른 행위이므로 이타적이거나 자신이 원치 않은 행위이므로 바람직하지 않다. 둘째, 인간적 행위는 긍정적 사고의 결과와 부정적 사고의 결과로 구분된다. 긍정적 사고에 의해 이루어진 행위는 결과와 관계없이 다음의 자체 목적적 행위를 위한 삶의 추진력을 높인다. 셋째, 인간적 행위는 미래지향적 사고의 결과와 과거 집착적 사고의 결과로 구분된다. 미래지향적 사고는 자체 목적적 행위를 하게 하는 중요한 요인이 되고 그 행위를 성공으로 이끄는 동기가 된다.

토마스 아퀴나스는 말한다. 인간을 완전히 행복하게 만드는 건 초월적 존재 안에 있지만, 그곳에 있는 행복을 추구하고 그곳에 도달하기 위해 노력하는 것은 인간 안에 있는 행복한 행위 그것도 인간의 영혼을 통해서 이루어지는 현실의 행복한 삶 그 자체다. 이 세상의 삶에서 일상적이고 부분적인 행복을 누리는 그것이야말로 곧 완전한 행복으로 가는 기차를 타는 일이다. 거의 8세기 전의 철학자 토마스 아퀴나스의 '일상적 행복의 완성'은 요즘 사람들이 즐겨 쓰는 '작은 행복'이라는 말을 떠올리게 한다.

\* 참고 : 『토마스 아퀴나스 그는 누구인가』 요셉 피퍼, 신창석 옮김, 분도출판사 2005

# 소크라테스의 변명

대구가톨릭대학교 김율 교수가 고대 그리스 정신의 근원이자 신화적 사고의 원형인 《일리아스》와 플라톤의 《국가론》, 서양 윤리학의 근간인 아리스토텔레스의 《니코마스 윤리학에》에 대해 강의했다. 기원전 8세기경 나타난 호메로스의 《일리아스》와 《오디세이아》는 서양사상의 한 축인 신화적 사고의 원형을 담고 있다. 한편, 플라톤은 《국가》에서 호메로스가 대변하는 신화적-비합리적-감정적 사고를 신랄하게 비판한다.

▨ 강의 후기 - 《소크라테스의 변명》을 읽다

"너 자신을 알라"라는 말로 유명한 소크라테스는 누구나 알고 있는 고대 그리스 철학자다. 소크라테스는 정의를 주장하다 당시 권력과 대중에 밉보여 억울한 누명을 쓰고 피고인이 되어 법정에 서게 된다. 3차례의 재판 과정에서 피고로서 변론한 소크라테스의 연설을 훗날 그의 제자 플라톤이 쓴 작품이 《소크라테스의 변명》이다. 이 작품을 읽으면서 느낀 점은 다른 사건과 마찬가지로 시간이 지나면 묻혀 버릴 수도 있었는데 플라톤이라는 위대한 철학자 덕에 인류 지성사에 불멸의 유산으로 남았다는 사실이다. 또 하나는 지금부터 이천사백여 년 전에 이미 아테네라는 도시국가에 거의 완벽한 형태의 민주주의가 발달되었다는 사실과 피고의 자유로운 진술이 보장되었다는 점이다. 오랜 세월이 지났지만, 권력자의 위선, 대중의 영합 등의 정치 사회 환경이 오늘날 정국을 닮았고 민주주의와 재판 절차가 오히려 지금보다 민주적이라는 느낌을 받는다.

소크라테스를 죽음에 이르게 한 재판 《소크라테스의 변명》의 내용을 간략하게 적어본다.

기원전 399년 아테네 아고라의 한 법정에서 세계 철학사를 장식할 예사롭지 않은 한 재판이 진행되었다. 일흔쯤 되어 보이는 노인이 피고석에서 재판관과 500명의 시민 배심원을 향해 화려한 말솜씨로 자신을 변론하는 주장을 펼치고 있다. 문학계를 대표하는 멜레토스, 논술계를 대표하는 리콘, 정계의 대표로 아니토스, 이렇게 아테네를 지배하는 유력 권력자 세 사람이 철학자인 한 노인을 고소하여 법정에 세우는 바람에 그렇게 재판이 진행되고 있다.

당시 아테네에는 '소피스트'라는 지식인 집단이 있었다. 소피스트들은 무지한 서민들에게 '잘살 수 있게 되는 지식'을 알려주고 그 대가로 자신들의 밥그릇을 채우고 있는 소위 상류 지식층이다. 그런데 소크라테스라는 철학자가 나타나서 소피스트들이 주장하는 지식이 가짜이거나 틀렸다고 가르치고 다니는 바람에 그들의 밥그릇이 위협을 받게 된다. 여기서 지식에 대한 논쟁이 일어난다. 예를 들면 정의에 대하여 플라톤은 《고르기아스》라는 책에서 칼리클레스라는 사람이 정의란 '자연적인 욕망과 욕구에 따르는 것이다.'라고 했고, 또 다른 저서 《국가》에서 트라시마코스라는 사람의 '정의란 강자의 이익이다.'라는 주장을 위해 '귀고스의 반지' 전설을 예로 들고 있다. 행위에 책임을 지지 않도록 실체를 가려주는 반지 덕분에 옳고 그름을 떠나 욕심대로 행동하는 것이기에 정의란 더 강한 자의 이익이라는 것이다. 오늘날 우리나라의 파견 근로자 노조와 재벌의 원청 회사의 관계가 그렇다고 생각한다.

   소피스트에 대한 역사적 의의는 일반적 평가에서는 대체로 부정적이지만, 비판 정신과 계몽 정신의 대변자라는 또 다른 평가도 있다. 여기서 소크라테스에게는 끊임없는 질문을 통해 상대의 논리가 옳지 않다는 사실을 끌어내는 심오하고도 현란한 화술이 있다. 소크라테스의 정의에 대한 물음은 의견이 아니라 지식으로 말하라는 것이다. 그러면서 소피스트라는 사람들이 자신들이 무지하다는 사실도 모르면서 안다는 생각으로 궤변으로 청년들을 망치고 있다고 한 것이다. 논리에서 밀린 소피스트들은 소크라테스를 자신들의 이익을 해치는 적으로 삼았고 그들의 뒷배인 권력자들은 소크라테스를 신을 믿지 않았다는 것과, 젊은이를 타락시켰다는 이유를 들어 법정에 세웠다. 그 재판에서 소크라테스는 자신의 주장을 거침없이 펼치는데 제자인 플라톤이 그 논쟁을 아름다운 기록으로 남겼다. 다만, 소크라테스의

'변론'이라고 하지 않고, '변명'이라고 한 점은 좀 아쉽다는 생각이 든다.

 이천사백여 년 전 고대 도시국가의 법정에서 오고 간 원고와 피고 간의 변론을 보면서 나는 몇 가지 의문점을 가진다. 첫째, 어떻게 그 시대에 오늘날 우리 법정보다 더 자유롭고 진지한 변론이 장시간 가능했을까 하는 의문과 함께 진정한 정의는 무엇인가에 대한 풀리지 않는 답이다. 두 번째로 소크라테스가 자신의 생사여탈 권을 쥐고 있는 멜레토스에게 공개 석상에서 자존심을 상하게 하면 손해라는 사실을 알았을 텐데 굳이 코너로 몰아넣는 독설을 퍼부은 것이 최선인가, 하는 의문이다. 세 번째로 철학 하는 일을 그만두면 살려 주겠다는 아니토스의 제안을 거절하고 처벌을 자초한 일이 잘한 처신인가, 하는 의문이다. 네 번째로 탈옥하면 다른 지방에 가서 살 수 있고 친구 크리톤이 도와주겠다고 설득하는데도 오히려 독배를 고집한 행위가 온당한가, 하는 의문이다. 다섯 번째 자신의 형량을 역제안까지 할 수 있고 추방형을 제안하여 후일을 도모할 수 있는데도 구태여 사형을 선택한 일이 그가 설파한 훌륭하게, 아름답게, 올바르게 사는 길인지 이해하기 어렵다.

 노철학자는 죽음에 대하여 영혼을 자유롭게 하는 것으로 받아들이고 "철학 하는 자유를 포기하느니 죽음을 달라는 것이 내 이성의 명령이었어."라면서 독배를 받아 든다. 보통의 인간으로서는 할 수 없는 독특한 화술로 자신의 철학을 장시간 펼쳐내고, 최고로 이성적이고 여유롭게 죽음을 받아들인 초인적 행위에서 소크라테스라는 철학자는 배울수록 어렵다고 생각하게 된다.

　이번 강의를 통해 지금까지 알고 있었던 '너 자신을 알라'라는 말의 깊은 의미와 '악법도 법이다'라는 말이 생겨난 유래를 배웠지만, 소크라테스를 알려면 플라톤이 지은 《향연》, 《파이돈》 등을 비롯한 여러 저서와 다른 관련 철학 서적도 공부해야 한다는 숙제를 안게 되었다. 한 인간의 끊임없는 지식 탐구와 철학 사랑이 수천 년 장구한 세월이 지난 오늘날까지 세계인의 가슴속에 살아남게 된 거라는 사실에 깊이 감동했다.

　　* 참고문헌 : 《소크라테스의 변명》 플라톤, 강철웅 옮김, 이제이북스 2014, 김율 교수 강의 교재

제 4 부

**동서양 사상사**

# 한국 미술사

　대구가톨릭대학교 박물관장을 맡고 있는 강종훈 교수가 한국 미술사의 주요 주제들에 대해 선사 시대부터 통일 신라 시대를 거쳐 고려, 조선 시대에 이르기까지 분야별로 다루어주었다. 강종훈 교수는 한국 고대사를 전공하고 『신라 상고사 연구』(서울대학교 출판부)를 비롯한 다수의 저서가 있고 특히 백제사에 조예가 깊은 역사학자로 잘 알려져 있다. 이번 강의에서 고구려 고분 벽화와 신라 고분 미술을 영상으로나마 깊이 있게 배우는 기회가 됐다.

　한국 미술사에 대하여 선사 시대부터 조선 시대까지 방대한 내용을 짧은 시간에 강의하기가 쉽지 않음에도 회화, 공예, 조각, 건축의 측면에서 요점을 효율적으로 강의해 주어서 한국 미술의 변천상을 이해하는 데 많은 도움이 되었다.

　선사 시대 미술은 암각화, 토기와 청동기, 고인돌 형태로 남아 있어서 생소하지는 않았다. 신라 시대의 미술에서는 고분 벽화와 다양한 공예품의 우수성에 감탄하지 않을 수 없었다. 조각품 중에는 불상과 반가사유상의 정교함과 아름다움에 놀랐고, 건축에서는 수많은 고분의 다양한 형태와 벽화를 짧은 시간에 공부하기에는 너무나 벅차고 신비스러운 내용이었다.

 통일 신라 시대의 미술은 회화로 대방광불, 화엄경변상도가 있고, 대표적인 공예품으로 성덕대왕신종, 시유도기施釉陶器가 당시의 찬란했던 문화를 보여주었다. 조각은 석굴암 본존불, 군위 삼존 석굴, 백률사 금동약사여래입상이 우리 민족의 우수성을 알려주었고, 왕릉 석물은 태종무열왕릉 비석, 경주 괘릉, 흥덕왕릉의 석물이 유구한 세월을 견디고 온전하게 보존되어 있다. 건축은 왕릉으로 선덕여왕릉, 경주 괘릉, 김유신 묘가 있고, 사찰은 대표적으로 불국사, 부석사, 해인사, 화엄사가 있으며 석가탑과 다보탑을 비롯한 여러 탑과 진전사지 부도와 같은 승탑에 대해서도 재조명하는 기회를 누렸다.

 고려와 조선 시대의 미술은 고려 시대는 불화가 주를 이루고, 조선 시대는 산수화와 풍속화, 민화가 회화의 대표적인 사례로 전해오고 있으며 공예품으로는 고려 시대의 청자가 우수하고 조선 시대는 분청사기와 백자가 잘 알려진 귀한 유물임을 알고 있다. 고려 시대는 철불, 거석불, 금동불 등이 있고 조선 시대는 목조불이 주를 이루는 사실도 배웠다. 건축은 고려 시대는 경천사지 10층 석탑 등이 있고 조선 시대는 원각사지 10층 석탑과 법주사 팔상전이 가장 오래된 목탑이라는 사실도 알게 되었다.

 한국 미술사를 시대별로 회화와 공예, 조각, 건축 분야로 나누어 요점 강의를 해준 덕분에 한국 미술사에 대해 조금이나마 눈 뜨게 되었다. 보충으로 해준 온라인 강의는 우리나라 벽화와 출토 유물에 대해 자부심과 관심을 가지게 해주었다.

◼ 수강 후기 - 박물관은 살아 있다

한국 미술사를 공부하면서 문화유산은 한 시대의 정치, 문화, 사회 전반에 대해 알아볼 수 있는 귀중한 자료임을 절실히 느끼게 되었다. 매장 유물을 생각하면서 많은 박물관 중에서 고분 고총에서 발굴된 유물을 중점적으로 전시하고 있는 영남대학교 박물관을 탐방하기로 했다. 경산에 가까운 지역에 살다 보니 영남대학교 캠퍼스가 있는 임당들 주변을 자주 지나치면서 작은 구릉처럼 큰 임당고분을 보면서 과연 그 주인공은 어떤 존재이며 그 속에는 무엇이 묻혀 있을까 하는 궁금증이 많았다. 압독국이라는 지방 토호의 무덤이라서 삼국 시대의 왕릉에 비해 규모나 질적인 면에서 뒤지지만, 당시 지배 계급의 생활상을 알 수 있는 다양한 유물이 출토되었다는 뉴스를 오래전에 들은 기억이 떠올랐다.

영남대학교 박물관은 캠퍼스 입구 동쪽 대로에 가까이 위치해서 접근성이 좋았다. 정문에 들어서자, 대학 축제 기간 중이라서 젊은 학생들과 상인들이 많아서 활력 넘치는 모습이 짙어지는 신록과 더불어 청순한 오월의 싱그러움을 더욱 짙게 해주는 분위기였다. 박물관은 2층 건물인데 전시실은 700여 평으로 각 층마다 중앙 홀 외에 전통 문화실을 비롯하여 11개의 전시실로 구성되어 있었다. 박물관 1층 안으로 들어서니 중앙홀 전면에 '압독국의 명작 대호'라는 이름으로 엄청나게 큰 항아리가 전시되어 있었다. 오른쪽에 광개토대왕비 탁본이 실물 크기로 서 있고, 왼쪽에는 대동여지도가 전시되어 있었다. 홀 뒤편으로 고지도실, 조각공예실, 서화실, 전통문화 1실과 2실이 배치되어 있었다. 2층으로 올라가니 아트스페이스실, 임당 유물실, 특별 전시실, 기증실, 열린 공간으로 배치되어 있었다. 각 전시실에는 쉽게 보기 힘든 귀중한 유물이 전시되어 있어 박물관 탐방 온 보람을 충분히 느낄 수가 있었다. 다양한 전시실 중에 2층의 '임당 유물실'을 중점적으로 관람했다.

지금부터 40여 년 전인 1982년 1월 초에 임당고분에서 도굴된 유물을 해외로 반출하려다 부산 세관에 의해 적발되어 다행히 귀중한 유물을 지키게 되었다는 설명이 가슴을 서늘하게 했다. 당시에는 임당고분의 역사적 가치가 제대로 조명되지 않은 채 관리가 소홀했던 시기라 고분 주변은 택지화되어 민간 주택이 들어섰고, 빈자리는 과수원으로 이용되고 있었다고 한다. 도굴품은 임당 구릉에 접한 복숭아 과수원에서 파낸 유물인데 은제 새 날개형 관장식과 순금제 귀고리, 금은제 고리 자루, 큰 칼, 은제 허리띠 등 15점이나 되었다고 한다.

도굴품의 출처를 확인하고 고분을 체계적으로 관리하기 위해 국가유산청이 이곳을 사적으로 지정하고 영남대학교에 발굴을 의뢰하여 1982년 6월부터 12월까지 고분 대상으로 정식 발굴이 이루어졌다고 한다. 도굴분(2호분), 1호분 일부, 인접한 5·6·7호분이 발굴되어 그때 출토된 유물이 전시되어 있었다.

사적으로 지정된 경산 임당동 고분군에는 7기의 큰 봉분이 남아 있는데 1호분 일부와 2호분, 5·6·7호분은 여러 개의 고분이 연접된 것으로 경주 대릉원 황남대총이나 대구 불로동 고분군, 구암동 고분군 등 신라권역 고분의 형태와 비슷하다고 한다. 이들 고분군의 묘제는 암반을 굴착하고 그 안에 나무 덧널을 설치하고 위에는 석개로 덮고 흙과 돌을 쌓아 봉분을 만들었다고 한다. 고분의 내부는 주곽과 부곽으로 구성되어 있고 출토 유물이 별도로 전시된 그것으로 봐서 피장자도 다름을 알 수 있었다.

출토된 유물에는 금동제의 관과 관식, 은제 관식, 금제 귀걸이, 은제 허리띠, 금 은제 반지와 팔찌 등의 장신구와 금은제 큰 칼 등 엄청난 유물이 전시되어 있었다. 생활물품으로 쓰였던 다양한 토기가 전시되어 있는데, 손잡이 달린 그릇과 항아리가 특징적이었다. 설명에 의하면 큰 항아리에서 여러 마리 꿩의 뼈와 상어 뼈가 나왔고, 닭 뼈, 돼지 뼈, 개 3마리 뼈와 남녀 인골 조각도 많이 나왔다고 한다. 사람의 뼈는 팔과 다리뼈가 거의 원상대로 전시되어 있었다. 각종 치아 상태를 보여주는 치아 부스에서 확대경으로 본 사람의 치아는 지금 사람의 질환이 있는 치아와 비슷하게 보여서 무덤 안이 밀폐된 공간이었을 거라는 추측을 하게 했다. 임당동 일대 고분에서 발굴된 사람의 뼈가 500여 구나 되는데, 그중에서 250여 구를 영남대 박물관에서 소장하고 있다고 한다.

'임당 유적 내 임당동 고분군'을 설명해 주는 안내문을 필두로 발굴된 고분별로 축조 양상에 대한 상세한 설명과 발굴 당시의 현장 사진과 함께 주곽과 부곽의 출토 유물이 전시되어 있었다. '임당 사람들이 먹었던 곡식' '유물과 함께하고 있는 인골'이 부스별로 전시되어 있었다. 또 '인체 골격 도의 명칭'과 '두골' '남녀의 골반' '남성의 대퇴골' 등이 전시되어 있어서 당시 사람의 남녀 구별은 물론 키와 나이까지 알아보는 방법도 출토물과 함께 전시되어 있었다. DNA 검사를 이용해서 복원해 놓은 '고대 임당 사람들의 모습'은 과학의 발달을 실감하게 해주었다.

박물관 탐방을 마치고 지하철 대신 버스를 탔다. 임당고분 서편의 '대임지구' 대형 개발 사업을 위해 거대한 펜스가 처져 있어서 귀중한 문화유산이 훼손되지 않을까 걱정하는 마음이 일었다. 고구려의 무용총을 비롯한 수많은 벽화가 아름답고 매우 정교하다는 사실에 놀라면서 지금은 중국 지역에 소재한다는 사실이 가슴을 아리게 한다. 비록 신라 시대의 천마총이나 대릉원보다는 규모나 출토 유물의 격이 떨어지지만, 다양한 출토 유물을 통해 천수백여 년 전 선조의 역사와 문화를 알 수 있게 되었다는 점에서 박물관이 가지는 역사적, 문화적 가치는 엄청나다는 사실을 알게 되었다.

\* 참고 문헌 : 강종훈 교수의 강의 자료, 영남대학교 박물관 자료

▨ 격려의 글 - 이기창 선생님의 「박물관은 살아 있다」 수필을 읽고
(평론가 교육학박사 설준원)

선생님의 고미술에 관한 관심은 고고학자로서 깊은 감사를 드립니다. 저도 한때 영남대 박물관에서 연구원 생활과 동북아 문화재연구원에서 문화재 발굴 업무에 참여한 고로 선생님 글에 깊은 관심을 두고 읽어 보았습니다.

「박물관은 살아 있다」에서 박물관은 단순한 전시 공간이 아니라, 과거와 현재, 그리고 미래를 이어주는 살아있는 존재로 그려집니다. 박물관이 가진 기록과 보존의 기능을 넘어서, 그것은 인류의 역사를 되새기고, 우리의 정체성을 성찰하는 중요한 공간임을 강조합니다. 그곳에서 느낀 역사의 깊이와 문화적 유산이 단순히 과거의 유물이 아니라 오늘날까지 이어지는 우리의 삶과 밀접하게 연결된다는 점에서 매우 의미 깊었습니다.

영남대 박물관은 지역 문화와 역사에 대한 깊은 이해를 돕는 중요한 공간입니다. 다양한 전시와 소장품들을 통해 경북 지역의 역사를 생동감 있게 보여주며, 관람객이 과거의 문화를 직접 체험하고, 그것을 현대의 시각으로 새롭게 해석할 기회를 제공합니다. 특히 임당고분군을 포함한 고대 유적들은 단순한 유물이 아니라, 우리의 선조들이 남긴 삶의 흔적이자 그들의 사상과 세계관을 엿볼 수 있는 중요한 창입니다.

또한, 임당고분군은 삼한 시대의 중요한 고분으로, 특히 가야 문화와 관련된 중요한 유적입니다. 이 고분군은 가야 연맹의 중심지였던 임진강 유역에 위치하여, 당시의 사회적, 문화적 환경을 연구하는 데 중요한 자료를 제공합니다. 고분에서 출토된 다양한 유물들, 예를 들어 무기, 토기, 장신구 등은 당시 사람들의 생활과 신앙을 잘 보여줍니다. 특히 금속 기법과 도자기의 발전, 사회적 계층에 대한 이해를 돕는 중요한 단서를 제공하며, 당시 사람들의 문화적 역량과 기술적 수준을 엿볼 수 있게 해줍니다.

영남대 박물관에서 임당고분군의 유물들을 실제로 접하면서, 박물관은 살아 있다는 수필의 메시지를 실감할 수 있었습니다. 박물관은 단순히 유물들을 보존하고 전시하는 그곳이 아니라, 그 유물들이 가진 역사적 의미와 문화적 맥락을 연결 지어 관람객에게 과거와 현재를 이어주는 경험을 제공합니다. 임당고분군에서 출토된 유물들을 통해, 우리가 그토록 상상했던 고대 사회와 사람들의 삶의 방식이 단지 먼 과거의 일이 아니라, 우리의 역사와 정체성의 일부로 살아 숨 쉬고 있다는 것을 느꼈습니다.

특히 임당고분군의 유물들을 보고 느낀 점은, 그들의 삶과 문화가 우리의 삶과 이어져 있다는 것입니다. 그들의 사상과 기술, 사회적 관계가 오늘날 우리 문화의 뿌리로 남아 있음을 확인할 수 있었습니다. 박물관은 단순한 역사적 유적을 전시하는 곳이 아니라, 과거의 문화와 오늘을 이어주는 연결 고리라는 점에서, 임당고분군은 현재를 살아가는 우리에게도 중요한 교훈을 준다고 할 수 있습니다.

영남대 박물관과 임당고분군을 방문한 경험은 단순히 과거를 돌아보는 시간이 아니라, 오늘의 우리 문화와 우리의 뿌리를 되돌아보는 소중한 기회였다고 봅니다. 박물관은 살아 있다는 수필의 메시지가 그대로 살아있는 경험이었으며, 유물들은 단순히 전시된 것이 아니라 그 자체로 시대를 살아 숨 쉬고 있다는 것을 실감할 수 있었습니다. 임당고분군의 유물들을 통해 우리는 과거와 현재, 미래를 연결하며, 우리의 역사와 문화의 가치를 새롭게 인식할 수 있는 중요한 순간을 경험한 것입니다.

이기창 선생님, 항상 건안 건필 하소서.

# 서양 미술사

대구가톨릭대학교 조수정 교수의 서양 미술사 강의를 통해 선사 시대부터 현대까지 서양 미술의 흐름과 시대별 특징, 중요한 작가의 활동과 작품에 담긴 의미를 배울 수 있었다. 불후의 명작 미술 작품을 비록 영상으로 보게 되었으나 시대적 배경과 작가의 의도나 사상을 설명 들으니 서양 미술사를 이해하는 데 큰 도움이 되었다.

▩ 수강 후기 - 만학의 기쁨

서양 미술에 대한 상식이 부족한 상태에서 첫 시간부터 고대미술과 중세미술에 대한 강의는 신비와 놀라움을 안겨주었다. 구석기 시대인 기원전 45,000년 전부터 기원전 10,000년 전에 살았던 호모사피엔스의 한 형태인 크로마뇽인의 화석이 발견되었다는 사실이 무척 놀랍다. 거기에 더해 프랑스 남서부 도르도뉴Dordogne에 있는 크로마뇽 동굴의 라스코Lascaux 벽화가 일만 년도 훨씬 지난 지금까지 온

전한 채로 남아 있다는 사실은 신비스럽기 그지없다. 그림에 사용된 천연 재료가 무엇인지 궁금하기도 하다.

　수렵과 습득을 위주로 한 동굴 생활이 그림에 고스란히 나타나 있고, 동물 그림이 가지는 주술적인 의미를 강의로 알게 되었다. 고대미술이 이집트와 메소포타미아 문명과 그리스, 로마 문명에 중요 영향을 끼쳤다는 사실은 고대인의 종교에 대한 인식을 이해하는 데 도움되었다. 후일 유럽 중세기의 로마네스크, 고딕, 비잔티움 미술로 발전되었고 르네상스 미술을 탄생시키기까지의 강의는 서양 미술에 담겨 있는 심오한 사실에 조금이나마 눈뜨게 해주었다.

　중세미술 강의에서는 로마 시대의 전통을 유지한 로마네스크는 아치형 석조 천장과 두꺼운 벽, 작은 창이 특징이고, 고딕은 벽이 얇고 창문이 넓으며 뾰족하고 높은 첨탑이 특징이라는 사실도 오늘날의 교회 모습을 이해하는 데 도움을 주었다. 중세 초기 그리스도교 미술은 바실리카 양식인 라테라노 대성전과 성 베드로 대성전, 예수 탄생 성당, 예수 무덤 성당으로 상징된다는 사실도 알게 되었다. 천장인 앱스apse에 그려진 '십자가', '예수의 변모'는 물론이고 지상교회를 상징하는 '네이브'와 지상 세계인 교회 바닥에 그려진 모든 그림이 교회를 하나의 소우주로 형상화해 놓았다고 하는 얘기도 무척 흥미로웠다.

　콘스탄티누스 황제가 비잔티움 제국의 수도 콘스탄티노폴리스를 건설해서 새로운 로마로서 최초의 그리스도교 도시가 탄생했다. 유스티아누스 황제(6세기)는 비잔티움 문화의 황금기를 이룬다. 하기아 소피아로 대표되는 소피아 대성당은 중앙집중형에 정방형 형식으로 웅장한 돔과 화려한 모자이크 장식이 비잔틴 문화의 진수를 보여주었다. 중세미술은 기독교적 내용과 테마가 중심이 되었고 첫째 종교적 내용과 테마는 예수의 생애와 십자가, 성인들 모습, 천사와 성자들, 천당과 지옥을 표현하였고, 둘째로 고정된 구도와 비례로 일정한 규칙이 있었다. 셋째 진부한 표현과 간소화된 형태였으며 넷째 밝고 대비가 강한 색채를 썼으며 다섯째 손으로 만든 장식으로 금박과 보석이 많이 쓰였다는 사실도 알게 되었다.

르네상스 미술 강의는 서양 미술의 진수를 느끼게 했다. 이탈리아의 피렌체가 르네상스의 중심이 된 것은 고대 로마의 유적 영향으로 도시의 부자들이 자신의 명성을 위해 예술 후원을 많이 하였으며, 예술가들은 엘리트 의식이 강했기 때문이라고 했다. 그 결과로 그리스와 로마의 고전 문화에서 인간의 아름다움을 중시하는 인본 중심 미술이 새로 생기게 되었다.

초기 르네상스 미술로는 부르넬레스키의 비계를 이용한 피렌체 대성당의 돔 지붕이 유명하고, 마사치오의 선 원근법을 이용한 〈성 삼위일체〉 그림이 산타 마리아 노엘로 성당에 그려졌다는 사실도 놀라웠다. 또 해부학을 적용한 그림인 〈낙원 추방〉은 브랑카시 성당에 그렸으며 레오나르도 다빈치는 인체의 비례로 이상미를 강조한 그림을 그렸다는 얘기도 흥미진진했다.

전성기 르네상스 시기에 르네상스의 거장들이 탄생했다. 레오나르도 다빈치는 스푸마토sfumato 기법과 덧칠하는 채색법을 통해 그 유명한 〈모나리자〉 그림을 그려서 세기의 명작이 되었다. 미켈란젤로는 도저히 믿어지지 않는 초인적인 능력으로 시스티나 대성당 천장에 〈천지창조〉라는 대작을 남겼고, 라파엘로는 〈성 요한과 함께 있는 성모자〉와 〈아름다운 정원사〉라는 걸작을 남겼다는 사실도 알게 되었다. 16세기에 매너리즘에 반발하여 다시 르네상스 전통으로 다가간 게 르네상스의 전성기를 이루었고, 불후의 명작을 남긴 거장들 덕분에 서양 미술의 꽃을 활짝 피웠다는 역사적인 사실에 감동했다.

서양 미술사 강의를 통해 그리스도교 문화의 영향력과 그리스도교를 중심으로 한 서양 미술의 우수성을 다시 한번 깨닫게 되었고, 신비스럽고 과학적인 거장들의 초인적인 능력에 감탄했다. 또 작품에 배어 있는 의미를 알게 되었고 생소한 미술 용어를 배우게 되어 서양 미술을 이해하는 데 큰 도움이 되었다. 배운 지식을 안고 다시 유럽 여행을 다녀오고 싶다.

\* 참고문헌 : 조수정 교수 강의 자료

## 서양 중세의 사상과 문화

　대구가톨릭대학교 김율 교수는 서양 문명의 본질인 서양 철학을 비롯한 서양사상의 전통에 대해 심도 있는 강의를 했다. 서양 문명의 근간이 형성된 고대와 중세를 중심으로, 철학적 문헌 및 다양한 문화적 자료를 통해 서양 정신의 발전 과정을 이해하기 위해서는 많은 독서가 필요하다.

　고대 서양의 사상은 희랍 철학과 그리스도교 철학이 그 근원을 이루고 있고 두 사상이 만나 중세 서양 문명이 형성되었다. 그리스 철학과 그리스도교 철학의 차이점은 그리스 철학에는 구원과 은총에 관한 인식이 없다는 것이다. 소크라테스로부터 시작된 그리스 철학 사상은 플라톤, 아리스토텔레스 등의 철학자로 이어지면서 현실성과 합리성에 근거한 사상이 주류를 이루었다. 그리스도교가 저변을 넓히면서 합리성을 초월하는 헌신성과 구원이 포함되는 그리스도교 철학으로 발전된다. 로마의 저명한 변호사인 테르툴리아누스는 불합리하기에 그리스도교 신앙을 믿는다고 했다. 서양사상을 알기 위해서는 서양 철학의 아버지로 불리는 아우구스티누스 성인과 대학의 창시자인 토마스 아퀴나스를 비롯한 수많은 철학자에 관해 공부해야 한다. 중세 그리스도교 수도원의 역사와 전통을 이해하고 대학성립, 발전, 쇠퇴와 스콜라 철학의 전통을 알아야 한다. 정치권력과 그리스도 교권 간의 갈등을 보면서 소유권과 청빈 사상 간의 갈등 문제를 알게 된다. 서양 사상사나 서양 철학이 2년 동안 강의의 많은 부분을 차지하고 있고 대표적인 철학자별로 단일 강좌가 구성되어 있다. 분량이나 내용이 워낙 방대하므로 전문적인 지식을 연구하기보다는 큰 틀에서 개요를 알아 가기에도 벅찬 과정이다. 서양 사상사의 내용과 흐름에 대해 짧은 시간에 줄여서 강의 해준 김율 교수도 무척 힘들었을 거라는 생각이 들었다. 향연을 읽고 감상을 적으라는 과제를 내주었다.《향연》이라는 제목으로 책을 쓴 철학자는 플라톤이 대표적이고 크세노폰이라는 학자도 있는데 두 철학자의 철학 이야기가 윤리적이고 고전적 형식이라면 단테 알리기에르의 향연은 칸초네라는 운문 산문 형식으로 썼고 고전적 형식이 아닌 이야기체의 글이라 할 수 있다.

  김율 교수는 서울대학교 인문대학에서 미학을 전공하고 독일 뮌헨 예수회 철학대학에 수학하였으며 레게스 브르크 대학에서 중세 철학 전공으로 박사학위를 받았다. 저서로『서양 고대 미학사 강의』,『중세의 아름다움』이 있고 번역서로 토마스 아퀴나스의『신학대전』일부와 에르빈 피노포스키의『고딕 건축과 스콜라 철학』이 있다.

▩ 수강 후기 - 플라톤의 《향연》을 읽고

 정암 학당에서 펴낸 플라톤의 《향연》을 읽었다. 아가톤이라는 젊은 비극 시인이 비극 경연 대회서 우승한 기념으로 베푼 잔치판에서 사랑(에로스)을 주제로 펼친 대화를 플라톤이 희곡처럼 쓴 글이다. 플라톤은 저자이면서도 향연의 자리에는 참석하지 않고 아폴로도로스라는 화자를 내세워 이야기를 전개해 간다. 특이한 건 화자인 아폴로도로스는 정작 향연의 자리에는 직접 참석하지 않고 아리스토데모스로부터 들은 이야기라는 형식으로 되어 있어 조금은 헷갈리는 바람에 주의를 기울여야 했다.

 향연 자리에 참석한 사람이 8명이고, 참석하지 않고 대화 속에 등장하는 인물이 화자인 아폴로도로스다. 아폴로도로스와 소크라테스는 "에로스는 아름다움을 추구하고 아름다움의 추구는 지혜를 키우고 진리로 나아가는 관계"라고 했다. 에로스는 사랑받는 대상이 아니고 사랑하는 존재라는 이론을 들려준 유일한 여성 디오티마 부인이 있다. 앉은 자리 순서대로 돌아가며 한 발언에서 첫 번째로 파이드로스는 에로스를 모든 신의 조상이라는 주장으로 그 위대함을 역설했다. 두 번째 발언자인 파우사니아스는 아가톤의 연인이라고 했는데 이 점은 그때도 동성애가 있었던 사실을 시사한다. 에로스를 좋은 천상의 에로스와 보통의 나쁜 에로스로 구분하면서 좋은 에로스를 장려해야 한다고 주장했다. 세 번째 연설자가 그리스의 대표적 희극 작가인 아리스토파네스다. 그는 인간은 본래 남녀가 하나의 개체로 되어 있었다. 한 쌍 한 개체는 세 종류가 있었는데 태양에서 생겨난 남남, 달에서 난 여남, 그리고 땅에서 태어난 여여라고 했다. 그런데 그때의 개체가 너무 힘이 세어서 신들이 위기를 느끼고 둘로 나누어 버렸다는 것이다. 둘로 자른 자리를 흉하지 않게 마감한 것이 배꼽이라고 했다. 그래서 잃어버린 반쪽을 찾아 다시 하나가 되려는 욕망이 사랑이라고 했다. 이어진 발언에서 의사인 에릭시마코스는 에로스를 의학적 관점에서 좋고 나쁨으로 구분했고, 향연을 베푼 아가톤은 에로스의 신체적 특징을 이야기하고 도덕적 품성을 4덕인 정의, 절제, 용기, 지혜를 들어 아름다움을 찬미했다. 마지막으로 말한 소크라테스는 디오티마 부인의 이론을 주장하면서 자기의 반쪽이라는 이유로 무조건 찾으려는 욕망이 에로스라는 아리스토파네스의 이야기를 비판했다. 플라톤은 아리스토파네스에게는 반박의 기회를 주지 않았고, 사랑은 배움의 원동력으로 좋은 것, 아름다운 것을 나으려는 욕망이라는 주장을 펼친 소크라테스가 좌중의 환호와 박수를 받으면서 마지막 장면을 끝내는 그것으로 향연을 마무리했다.

고대 그리스에서 벌어졌던 사랑(에로스)에 대한 논쟁을 보면서 오늘날 사회 현실을 살펴보지 않을 수 없다. 플라톤이 추구한 이상향은 점차 멀어지고 인간의 끝없는 욕망, 욕심으로 세상은 처절하고 비참한 삶을 이어가는 지구촌 사람이 너무나 많다. 참사랑을 한마디로 정의하기는 어렵지만, 진리를 추구하는 그리스도의 사랑, 부처님의 자비, 공자님의 인仁을 실천하고 상대방을 존중하는 노력이야말로 플라톤의 이데아 세계로 가는 길이 아닌가 싶다.

# 라틴아메리카 문화

대구가톨릭대학교 중남미어과 교수로 재직 중인 임수진 교수는 다년간 현지에 거주하면서 직접 체험한 라틴아메리카 문화를 실감 나게 전해 주었다. 강의를 통해서 간접적으로 알게 되었지만, 생생한 현장을 체험하는 듯했다. 라틴아메리카는 지리적으로 우리나라와 멀리 떨어져 있고 교류가 많지 않아서 관심이 적었으나, 몰랐던 사실을 배우고 문화를 이해하는 데 도움을 주는 강의였다. 강의와 별개로 칠레 등 세 나라 중남미 국가의 주한 대사관의 도움을 받아 가톨릭대학교 교정에서 펼쳐진 중남미 국가의 전통 영화 관람은 라틴아메리카를 이해하는 데 많은 도움이 되었다.

▨ 수강 소감 - 라틴아메리카 미리보기

여름방학이 끝나고 새 학기가 시작되기 전에 강의계획 시간표를 보고 다소 의아한 생각이 들었다. 라틴아메리카 문화에 대한 강의가 들어있었기 때문이었다. 라틴아메리카의 문화가 인문학과 무슨 관계가 있는가 하는 의구심과 함께 배울 것이 그다지 없을 거라는 생각을 한 게 솔직한 심정이었다. 라틴아메리카는 우리나라와는 멀리 떨어진 남극 가까이에 위치하여 우리와는 밀접한 관계가 아닐 뿐만 아니라 미개한 인디언 원주민이 많은 지역이고, 가난하고 마약이 성행하는 데다 치안이 불안해서 문화적으로 별로 배울 것이 없을 거라는 생각도 지니고 있었다. 또 유럽의 식민지 지배를 오래 받았고 독립 국가로서의 역사가 짧아서 쿠데타가 자주 발생하는 등, 정정이 불안하고 포퓰리즘이 심해서 만성적 인플레이션에 시달리고 있다는 생각도 했다. 미국으로 몰려드는 불법 이민자가 줄을 이루고 있고 도중에 목숨을 잃는 장면을 뉴스로 보면서 안타까운 생각이 들어 눈시울이 뜨거워진 적도 있다. 다만, 땅이 넓고 밀림 지대가 많아서 지구의 허파 역할을 하고 있는데, 경제적인 이유로 해마다 엄청난 밀림이 사라지면서 황폐되고 남극지방의 얼음이 녹아 지구 온난화를 재촉하고 있다는 사실이 걱정되기도 했다. 놀라운 점은 자신이 이토록 여러 면에서 라틴아메리카에 대한 부정적인 선입견을 품고 있는 줄을 몰랐다는 사실이다.

무지했던 라틴아메리카에 대한 선입견은 첫 강의가 시작되는 순간부터 여지없이 깨어졌고, 첫 시간부터 내가 얼마나 편견에 빠져있었는지, 잘못된 선입견이 얼마나 위험한 것인지를 느끼기 시작했다. 강의가 거듭될수록 신비와 감동이 태풍처럼 밀려오는 충격이 더해졌고, 강의 시간이 기다려졌다. 남자가 아닌 여성으로서 스페인어를 전공하고 그토록 멀고 생소한 곳에 가서 일상생활을 통해 직접 그 문화를 체험하고 쌓은 지식을 생생한 강의를 통해 실감 나게 배우는 기회를 얻게 된 건 행운이라는 생각이 들었다. 거기다 강의 전에 최신 내용으로 업데이트된 자료를 미리 올려주고 좋은 책을 소개해 주어서 학습에 큰 도움이 되었다. 풍부하고 실감 나는 내용을 열정적으로 해주는 강의를 통해 새로운 세상을 만나는 듯한 즐거움과 보람을 느끼는 시간이 되었다.

중남미, 라틴아메리카는 33개 독립국과 미국령인 준독립국 푸에르토리코로 이루어져 있고, 주로 스페인어를 사용하고 있으나 브라질만이 포르투갈어를 사용한다는 구체적인 사실을 알게 되었다. 중남미 인구가 약 5억 명이 넘고 미국 인구 3억 3천 500만여 명 중 라티노(히스패닉)가 5천만을 넘어서 전체 인구의 18%를 차지하고, 유색 인종 중 가장 다수이고 여러 나라로 나누어져 있지만, 역사, 언어 종교적 동질성이 많다는 사실을 접하면서 미국과 캐나다로 뭉쳐져 세계의 중심이 된 북아메리카와 대비되어 역사의 아이러니를 느꼈다.

라틴아메리카는 원래 사람이 살지 않는 빈 땅이었으나 빙하시대를 거치면서 아시아 대륙에서 통하는 길이 열려 아시아의 유목민이 뗏목을 타고 건너가서 원주민이 되었고 아스텍과 잉카와 마야라는 찬란한 문명을 꽃피웠다는 사실이 놀랍다. 그래서 원주민의 모습이 아시아 인종을 닮았다는 사실을 알게 되었다. '인디언'이라는 이름이 서구 개척자가 새로 발견한 신대륙이 인도인 줄 알고 붙인 이름이라는 사실이 흥미롭다. 16세기에 유럽의 정복자들이 침입하기 전까지만 해도 스스로 개발한 농법으로 식량을 해결하고 자원이 풍부하여 마추픽추와 같은 대단한 문화유산을 남길 만큼 문명이 발달했었고, 부족의 추장은 온몸을 황금으로 칠하여 엘도라도(황금빛이 나는 사람)라는 말이 생길 만큼 금은보화가 많아서 후일 침략자로부터 원주민이 고난과 수난을 겪게 되는 빌미가 되었다는 사실이 안타깝게 느껴졌다. 원주민 시대는 소나 말이 없었고 그 때문에 침략자와 기병전에서 큰 피해를 보게 되고 전쟁에 패했다는 사실 또한 놀랍다. 풍부한 자원으로 부자나라가 된 아르헨티나가 서구에서 수입된 소로 인해 더 많은 부를 쌓게 되지만, 그 소 때문에 다시 고통을 겪게 된 걸 보면 어쩌면 하느님이 공평하다는 엉뚱한 생각을 하게 된다. 옥수수와 감자의 원산지가 라틴아메리카일 뿐만 아니라 오늘날 유럽의 대표적인 식량이 되고 있다는 사실, 카카오라는 달콤한 선물이 침략자의 전리품처럼 되고 있다는 사실에 충격을 받지 않을 수가 없다.

　스페인과 포르투갈의 침략자들은 새로 발견한 땅을 식민지로 삼기 위해 원주민을 무참히 살해했고 금은 등 광물을 채취하기 위해 가혹한 노동을 시켰다. 엄청난 광물을 채취하기 위해 사람들이 모여들자, 거대한 도시가 생기고 전리품을 유럽으로 실어 가기 위한 항구도 생겼다. 부를 찾아 유럽 사람들이 몰려가자, 이탈리아에서는 '엄마 찾아 삼만리'라는 말이 생기고 이민자가 자리를 잡아 정착하자 대규모 농장도 생긴다. 단일 작물을 재배하는 '플랜테이션'이라는 대규모 농장이 생기자, 노동력을 확보하기 위해 아프리카의 노예까지 수입했다. 여기서 서구 제국이 자신들의 이익을 위해 얼마나 많은 사람을 죽이고 짐승처럼 부렸는지를 생각하면 인간의 잔혹성에 치를 떨지 않을 수 없다. 육체적인 고통만 안긴 것이 아니었다. 영혼까지 정복하기 위해 자신들의 종교인 가톨릭을 강제로 믿게 하였다. 자신들의 종교를 지키려는 원주민이 침략자의 강요에 못 이겨 가톨릭을 받아들이지만, 원주민의 종교 색채가 남아 있어 라틴아메리카의 종교는 형식과 내용 면에서 매우 다른 점이 많다는 사실도 흥미롭고, 여행의 구미를 당기게 하는 요소다. 멕시코 시티의 테에약이라는 언덕에서 원주민인 후안 디에고에게 세계 최초로 발현하신 과달루페 성모 마리아 님 덕에 가톨릭 신자가 대폭 늘어나고 유명해지는 바람에 라틴아메리카의 상징이자 정신적 지주가 되었다. 갈색의 과달루페 성모님을 만나고 싶어도 멀다는 선입견 때문에 여행 엄두를 못 냈는데 강의를 듣고 나니 가보고 싶은 의욕이 커진다. 너무 늦게 알게 되어 라틴아메리카 여행을 할 수 있는 건강을 주실지 모르기에 오직 기도로 매달릴 작정이다.

19세기에 들자, 미국의 독립에 영향받아 시몬 볼리바르라는 분이 베네수엘라를 스페인으로부터 독립시키면서 국부라는 칭호를 얻게 되고 더 나아가 6개국을 독립시켜서 '해방자'로 불리게 되면서 남미의 영웅 취급을 받고 있다는 사실 또한 라틴아메리카만이 가지는 특성이라 생각한다. 카스트로 형제와 체 게바라가 쿠바 혁명을 일으킨 이야기는 조금 알고 있었다. 그로 인해 아직도 카스트로 형제가 쿠바를 통치하고 있고, 미국을 비롯한 서방의 야욕에서 살아남기 위해 러시아를 비롯한 공산국가의 노선을 가고 있는 현실이 인접 강대국으로부터 숱한 침략을 당한 우리나라의 어두웠던 역사를 상기시켜 준다.

　독립 이후의 라틴아메리카의 문화는 역동적인 모습을 보여준다. 과달루페 성모님 발현으로 이어지게 되는 가톨릭의 역사는 알면 알수록 독창적인 특징이 있어 보인다. 토속 원주민 신앙과의 조화, 빈부 격차의 심화로 인한 신부님의 현장 사목과 그 때문에 치른 희생에서 성직자의 참모습을 느낀다. 종교와는 별개로 일상에서 빚어지는 생활 속에서도 신선한 충격을 받았다. 멕시코의 '죽은 자의 날'이나 문맹자 국민과 소통을 위한 멕시코의 벽화 운동, 민중주의적 미학에 바탕을 둔 공식 역사를 그린 디에고 리베라의 그림, 다비드 알파로 시케이로스, 호세 끌레먼테 오로스꼬, 여성 작가인 프리다 칼로 등 유명한 작가가 있고 아르헨티나에만 노벨상 수상자가 5명이나 된다는 사실에 놀랐다. 아르헨티나의 탱고 춤은 역사의 일부라 할 만큼 많은 애환이 배어 있음을 알게 되었다. 반도네온이라는 악기를 알게 되었고, 파아졸라의 탱고 연주를 감상하는 호사도 누렸다. 탱고뿐만 아니라 브라질의 삼바 춤과 카니발 행사의 역사도 배우고 보니 나이가 젊어진 듯하다.

　정치적 후진국으로 알고 있었던 우루과이와 코스타리카, 칠레가 우리나라보다 민주주의 순위가 높고, 정당 역사 또한 세계적으로 20위 안에 드는 나라가 일곱 나라나 된다는 사실에 놀랐다. 세계에서 가장 가난했던 대통령인 호세 무히카 우루과이 전 대통령이나 초등학교 4학년만 공부하고 공장에서 일하다 손가락을 잘린 룰라 브라질 대통령은 우리 지도자들이 본받아야 할 위대한 정치인이라 생각된다. 전쟁보다 무서운 환경안보를 지키기 위한 노력, 자연의 권리를 위한 헌법적 뒷받침, 오존 감시를 위한 오존 신호 등의 제도는 우리나라보다 훨씬 앞서간다는 사실을 깨닫게 해주었다. 가난한 자들을 위한 공동체인 협동조합 운동도 우리나라보다 훨씬 효율적인 데다 시민의 덕성과 공감 연대가 잘 이루어지고 있다는 사실을 알게 되니 우리가 부끄러운 생각이 들기도 한다. 다만, 브라질 교민인 엄보라미라는 분이 최우수 바리스타에 뽑혔고, 대구 출신인 강혜경 사장이 큰 농장을 운영하고 전 세계 원두 경연대회에서 2등을 했다는 이야기는 자부심을 느끼게 해주었다.

짧은 시간에 너무나 많은 걸 가르쳐 주느라 온 힘을 기울인 교수님 덕분에 가장 흥미롭고, 새로운 지식을 많이 얻게 되었다. 은행의 부서장으로 근무하던 50대 초에 IMF라는 미증유의 재난을 당하여 직장을 잃고 백수로 산 지가 20수 년이 되었다. 늦은 나이와 퇴출의 트라우마 때문에 다시 직장 가질 엄두를 못 내고 세월만 허비한 자신의 무기력이 후회되어 뒤늦게 시작한 공부가 이토록 큰 위안을 주리라고는 생각지 못했다. 10년만 젊어도 짐 싸서 라틴아메리카로 떠날 텐데 이제 너무 늦었다는 사실이 안타까울 뿐이다. 그래도 강의를 통해 여행을 다녀온 듯하여 보람을 느낀다. 정말 고맙고 행복한 시간이었다.

＊참고문헌 : 『라틴아메리카는 처음인가요?』 박정훈. 김선아, 사계절 출판사 2018, 임수진 교수 강의 자료

## 현대 영성의 이해

현대 영성의 이해 강의는 세 분 신부님이 옴니버스 강의로 진행했다. 첫 시간 강의는 성 베네딕도 수도회 박재찬 안셀모 수사 신부님께서 《칠 층 산》 저자이자 영성가로 유명한 미국의 수도사 토마스 머튼 Thmos Merton의 영성 이론을 중심으로 신비주의와 자기 초월적 사랑을 강의했다. 박 신부는 "다른 사람과 관계가 어려우면 너와 하느님 관계를 생각해 보라. 너를 힘들게 하는 사람이 있느냐? 그 사람은 하느님께서 보내주신 선물이다."라는 명언을 들려주었다. 정창주 프란치스코 신부는 로마에서 영성 신학을 전공하면서 어렵고 힘들었던 시기에 친구가 자비 5단 기도를 들려줘서 그 자비의 기도를 바치면서 어려움을 극복했다고 한다. 하느님의 자비에 대해 중점적으로 강의했다. 가르멜 수도원의 영성 연구 소장인 윤주현 베네딕도 신부는 삼위일체의 성녀 엘리사벳의 생애를 주제로 강의했다. 성녀 엘리사벳은 '삼위일체께 바치는 기도'라는 기도문을 작성하였고 바오로Paulus

안에서 삼위일체의 영광을 찬미하는 자신의 성소를 발견하는 영적 체험을 한 데 이어, 주님 승천 대축일과 그 후에도 하느님과의 일치를 이루는 영적인 은총을 체험하였다고 한다. 세 신부님의 강의를 듣고 정창주 신부님의 '자비의 기도' 강의에 깊은 감명을 받고 성당에 가면 '자비의 예수님' 성상에 꼭 기도를 드린다.

▧ 수강 후기 - 자비의 예수님

욱수성당 건물 입구에 들어서면 1층 로비 좌우측에 2층으로 가는 계단이 있고 로비 정면은 벽인데, 정면 벽 앞에 〈자비의 예수님〉 성상화가 모셔져 있다. '자비의 예수님'께 공손하게 인사를 드리는 신자가 있긴 해도 그냥 지나치는 신자가 더 많아 보인다. 나도 영성 강의를 수강하기 전에는 부끄럽게도 '자비의 예수님'께 특별한 의미를 느끼지 못했던 게 사실이다.

'영성'이라는 말에 하느님이 함께함을 느끼지만, 특별한 영성을 체험했거나 따로 공부한 적이 없어서 영성에 관해 관심이 적었다. 세 분 신부님의 영성 강의는 영성을 이해하는 데 큰 계기가 되었다. 베네딕도 수도회 박 신부님의 토마스 머튼 영성 강의는 잔잔하면서도 영성의 깊은 의미를 이해하는 데 도움이 되었고, 가르멜 수도회 윤 신부님의 삼위일체 성녀 엘리사벳 영성은 병자의 고통을 통한 특별한 영성을 간접으로나마 체험하는 기회였다. 영성의 갈래나 사례가 많아서 영성을 창설한 개인이나 단체에 따라 여러 영성이 있다는 사실도 알게 되었다. 여러 영성 중에서 나는 거룩한 성인 성녀의 여정을 토대로 세워진 영성보다 하느님께서 당신 스스로 우리 시대에 알려주심으로써 그 특별한 개입을 토대로 세워진 '자비의 영성'에 크게 감동하였다.

우리 시대 하느님의 존재와 중심 열쇠로 확인되는 '자비'가 새롭게 발견되어 전달된 과정 자체가 기적이라는 생각이 든다. 인류 역사상 가장 많은 희생을 치른 제2차 세계대전 직전에 예수님께서 파우스티나 수녀에게 나타나 당신의 자비에 관한 메시지를 전해 주시고, 인류가 당신의 자비로운 존재에 의지할 수 있도록 그 메시지를 맡기셨다. 인간이 인간에게 행한 가장 악랄한 범죄의 대명사가 된 아우슈비츠가 위치한 이웃 동네에서 태어나, 고통 속에서 공부하고 사제, 주교, 추기경으로 살았던 보이티야라는 분이 교황으로 선출되었다는 사실은 하느님의 섭리로 이루어진 기적이라 생각한다. 성 요한 바오로 2세 교황이 되신 그분은 예수님께서 파우스티나 수녀에게 나타나 전해 준 '자비'를 몸소 실천하면서 우리 시대 교회와 인류를 악과 어둠의 공격으로부터 구원할 수 있는 유일한 방패임을 확신하고 자비의 전령으로서 자신의 생애를 투신한 사실도 하느님의 섭리라 생각한다. 성 요한 바오로 2세 교황에 이어 성 요한 23세 교황이 제2차 바티칸 공의회를 개최하면서 '자비'라는 치유제를 사용할 것이라고 선포한 그것을 계기로 '자비'의 씨앗을 성장시켰고, 그 뒤를 계승한 베네딕도 16세 교황도 전임 교황이 물려준 유산으로 생각하고 계승 발전시킨 사실도 우연이 아니다. 프란치스코 교황께서는 이러한 교회의 흐름과 충만히 일치하면서 더 깊은 차원에서 자비의 프로그램을 촉진 시키고 있다. '하느님의 자비'를 인류의 힘든 발걸음을 인도하는 빛으로서, 고통 가운데 위로를 주는 힘으로서 제시하며 '자비의 대 희년 (2015~2016)'을 선포했다. 이처럼 '자비'를 '신앙의 빛'으로서 '하느님 자비의 빛'에 주목할 것을 방향으로 삼았다.

자비의 영성에 대해 배우고부터 나는 성당에 갈 때마다 '자비의 하느님'을 만나는 기쁨을 누린다. 성전 입구에 들어서자마자 '자비의 하느님'께 공경의 인사를 드린다. '자비의 예수님'은 부활하신 예수님의 모습이라는 생각을 하면서 예수님의 눈길을 찬찬히 응시하면 "이 성상화에서 나의 눈길은 십자가 위에서 나의 눈길과 똑같다."라는 파우스티나 수녀 일기를 떠올린다. '자비의 예수님' 안에서 가장 선명하게 비추어지는 부분은 붉은 빛줄기와 흰 빛줄기가 쏟아져 나오는 그분의 성심이다. "두 빛줄기는 피와 물을 표시한다. 흰 빛줄기는 영혼을 의롭게 하는 물을 뜻하고, 붉은 빛줄기는 영혼의 생명인 피를 뜻한다. 이 두 빛줄기는 십자가에서 고통당하는 나의 심장이 창에 찔려서 열렸을 때 나의 깊은 심연에서 나온 것이다."라는 파우스티나 수녀 일기도 생각하게 된다. 또 십자가의 상처를 그대로 간직하고 있다는 점은 '상처 입은 치유자'를 떠올리고 "예수님, 저는 당신께 의탁합니다."라는 말에 집중한다. 이 말이 새겨져 있는 이 성상화는 자비의 샘에서 은총을 퍼 갈 수 있는 그릇이라고 했기 때문이다. 미사를 바치고 성당을 나오면서 한 번 더 '자비의 예수님'께 인사를 드린다. 이때는 "이 초상화를 공경하는 영혼들은 멸망하지 않으리라는 그것을 나는 약속한다. 그리고 또한 벌써 지금 이 땅에서, 그리고 특히 죽음의 시간에 원수들과 싸워 승리하게 되리라고 나는 약속한다. 내가 친히 나의 영광을(명예를) 걸고 약속을 지킬 것이다."라는 파우스티나 수녀님의 일기를 예수님의 말씀으로 마음속에 새긴다.

우리 욱수성당 이웃에 있는 고산성당에서는 주일 미사 전에 '자비의 기도'를 바친다는 말을 듣고 일부러 고산성당에 가기도 할 만큼 자비의 영성을 알게 되었고 믿게 되었다. 영성 강의를 통해 영성을 조금이나마 이해하게 되었고, '자비의 예수님'을 새롭게 인식하게 되었음에 감사한다.

\* 참고문헌 : 박재찬 신부, 정창주 신부, 윤주현 신부 강의 자료

# 과학과 신앙

김도현 바오로 신부는 KAIST 학부에 입학하여 박사학위를 받고 서울대학교에서 연구원을 지냈으며 서강대학교 교수, 가톨릭대학교 초빙 교수를 지냈다. 어떤 계기로 서강대학교 대학원에서 신학을 공부하고 석사학위를 받은 후 필리핀 로욜라신학대학교에서 교회 신학사 학위를 받고 가톨릭 사제 서품을 받았다. 현재 대구가톨릭대학교 프란치스코 칼리지 교수, 동촌 본당 보좌신부로 재직하고 있다. 오늘날은 과학만능주의 시대다. 과학적으로 증명되어야 믿을 수 있고 과학이면 모든 그것이 해결되므로 신앙은 필요하지 않다는 사람이 늘어가고 있다. 이런 현실에서 과학과 신앙의 근본적인 차이점과 과학의 한계를 설명하고 과학은 신앙과 혼자가 아닌 진리를 향한 인간성의 양 날개라는 사실을 구체적인 사례를 들어서 설명해 주었다. 빅뱅 이론을 중심으로 한 우주론과 진화론을 설명하고 리처드 도킨스를 비롯한 학자들의 주장에 한계가 있다는 사실을 기적 사례를 통해 알려주었다. 8세기경에 실제로 일어났던 '린치아노의 기적'이 20세기에 과학적인 분석으로 증명되고, 1996년 프란치스코 교황이 보고 받은 부에노스아이레스 성모 마리아 성당에서 미사 중에 보여준 기적의 성체가 1,200년 전에 기적의 성체 성분과 동일하다는 사실은 '성체 안의 예수님 현존'을 믿지 않을 수 없게 한다. 마지막 강의에서는 AI 시대가 가져온 영성적 도전을 설명하는 과정에서 AI에 관해 많은 사실을 배웠다. AI가 만능처럼 보여도 1차 산업, 수술 등 촉각 관련 일과 성직자와 같은 인간의 감정이 개입되는 정신적인 일은 AI가 할 수 없다는 점에서 과학의 한계가 있다. 과학의 영역 밖에 있는 질문들에 대해 신앙만이 응답할 수 있기에 여전히 신앙은 필요하다는 결론에 이른다. 물리학 학자이자 성직자로서 본당 사목을 맡고 있는 사제가 하는 특별한 강의였다. 저서로 『과학과 신앙 사이』, 『과학 시대에도 신앙은 필요한가』, 『신학, 과학을 만나다 : 현대과학의 관점에서 본 그리스도교 신학의 새로운 해석』이 있다.

▧ 수강 후기 - 기적은 있다

나는 악의 유혹을 끊어버리고 천지의 창조주 전능하신 천주 성부를 믿으며 우리 주 예수그리스도를 믿는다고 약속하고 천주교 신자로 산지 반세기 가까이 되었다. 주일 미사에 열심히 참례하고 레지오 마리에 단원이 되었을 뿐만 아니라 신심 단체의 간부를 하기도 했지만, 하느님의 존재에 대해 확고한 믿음이 부족했던 게 사실이다.

근년에는 과학의 발달로 디지털 문화가 세상을 뒤덮고 인터넷의 출현으로 수십 년 전만 해도 상상하지 못했던 휴대 전화라는 편리한 기구가 보급되면서 우리가 사는 세상을 획기적으로 바꾸어 놓았다. 이처럼 어지러울 만큼 빠른 과학의 발달은 과학 만능 시대를 만들었고 신의 존재에 대한 믿음을 약화하는 사회 현상이 지속됨에 따라 나도 종교와 신앙에 대한 인식에 큰 혼란을 겪고 있었음을 인정하지 않을 수 없다. 이처럼 하느님에 대한 믿음에 흔들림을 겪는 중에 마침 신부님의 '과학과 신앙 사이' 강의를 수강하게 된 건 매우 시의적절하고 신앙생활에 큰 도움이 되었다.

경험법칙, 원리와 엄밀한 분석을 통한 재현성, 보편성의 확증, 데이터 축적에 의한 경험적 사실들 관찰을 근거로 하는 과학과, 유 일회적 계시와 계시 내용을 분석하여 그 내용과 자기 경험을 비교하면서 신앙을 받아들이는 신앙의 관계를 상세하게 설명했다. 그 둘은 별개로서 대립적인 관계가 아니라 함께 태어난 쌍둥이 같은 관계라는 설명에서 창조주에 대한 경외심을 한층 더 깊게 느끼게 되었다.

'과학과 신앙 간의 관계를 설명하는 다섯 가지 관점'에서 도킨스의 '과학적 무신론', 스피노자나 아인슈타인 같은 과학자들의 '범신론', 백과전서파 철학자들의 '이신론', 구약성서의 창세기 기록을 믿지만, 진화론을 부정하는 '창조론적 유신론', 태초의 창조와 진화 개념을 수용하는 '진화론적 유신론'에 대한 설명에서 과학자들의 주장에 문제점을 알 수 있었다.

20세기 이후 가톨릭교회는 빅뱅 이론을 근거로 진화론을 받아들이면서 요한 바오로 2세 교황님의 담화문과 프란치스코 교황님의 연설

문을 통해 '진화론적 유신론'을 인정하였다는 점에서 '인격신'으로 하느님 존재를 확신하게 해주었다.

과학으로 설명할 수 없는 초자연적 현상은 '기적'이라는 이름으로 창조주 하느님의 존재를 알려주었다. 마더 테레사 수녀님의 시복, 시성 과정에서 일어난 기적과 리치아노 성당의 기적, 프란치스코 교황의 보좌주교 재임 때 일어난 부에노스아이레스의 성당 기적 등 많은 기적의 사례를 영상을 통해 체험함으로써 하느님을 믿는 데 더 큰 확신을 얻게 되었다. 이어서 AI에 대해 배우는 기회를 가지게 되어 그 본질과 문제점에 대해 알게 되었고, 영적 인간을 다시 생각하게 된 매우 유익한 강의였다. AI가 인간 생활에 도움이 되지만, 인간의 지성인 의지력을 가질 수 없고, 윤리적 판단 능력이 없다는 점에서 경계해야 할 대상이고 오히려 한층 높은 도덕 윤리가 요구되고, 환경 생태적 감각과 신앙적 감각이 요구된다는 사실에 공감하였다.

"우리 삶을 윤택하게 하는 과학을 발전시킨 인간의 지혜 역시 하느님의 선물이지만, 하느님으로부터 받은 최고의 선물은 바로 신앙임을 일깨우려는 목표를 가지고 있다."라는 교수님의 강의 목표를 마음속에 새기면서 교재에 인용한 "피조물의 웅대함과 아름다움으로 미루어 보아 그 창조자를 알 수 있다!"(지혜서 13, 5)를 외친다.

\* 참고문헌 : 『과학과 신앙 사이』, 김도현 신부, 생활 성서사 2024, 강의 자료

제 5 부

문학

## 문학과 인생

문학과 인생은 대구가톨릭대학교 프란치스코 칼리지 김현주 교수와 정희성 시인, 안도현 시인, 이해인 수녀가 시 창작 원리와 작가의 작품 세계에 대해 옴니버스 형식으로 강의가 이루어졌다. 김현주 교수는 문학의 정의와 장르별 특성의 사례를 들어서 설명했다. 최명희 소설가는 "언어는 정신의 지문指紋이다. 나의 넋이 찍히는 그 무늬를 어찌 함부로 쓸 수 있겠는가?"라고 할 만큼 문자의 역할을 강조했고, 공자는 "시경의 삼백 편 시를 한마디 말로 이야기하자면 생각에 그릇됨이 없다. 子曰詩 三百, 一言以蔽之, 曰, 思無邪."라고 했다.

문학의 최소 요건을 문자, 허구, 형상성이라면서 2016년 노벨문학상을 받은 음유 시인 밥 딜런의 노래 가사에 대해 얼마나 시적인가를 강조했다. 백석 문학과 인생에 대한 강의는 그의 시를 듣고 또 들어도 감동이었다. 안도현 시인이 교재로 삼은 최근 출간된 시집 『나는 내가 누구인가를 몰라』는 세 돌이 지난 외손녀를 생각하면서 지은 새로운 패턴의 따뜻한 언어들이었다. 이해인 수녀가 2017년에 1판 1쇄를 발행하고 강의 바로 전인 2023년 2월에 1판 18쇄째 발행한 새 시집 『고운 마음 꽃이 되고 고운 말은 빛이 되고』를 대표로 선물 받는 영광도 누렸다. 수녀원 생활 이야기와 암 투병, 법정 스님에 얽힌 이야기를 통해 문학과 인생을 진솔하게 강의했다. 하느님 사랑이 가득한 문학 강의가 끝나고 갈 길이 바쁜데도 사인 행사에 지친 모습을 보면서 안타까운 마음이 들었다.

▧ 수강 후기 - 시인을 만나다

정희성 시인은 시는 짧아야 한다는 점을 강조하고 시의 정의를 사상이나 감정을 상상의 힘을 빌려 언어로 표현한 예술이라 하였고, 아리스토텔레스는 시의 허구성에 대해 "역사는 일어난 사실을 이야기하고 시인은 일어날 수 있는 일을 이야기한다."라고 했다. 또 간접적인 언어에 최대한 형상성을 부여하는 것이라고 하는 설명을 들었다. 현대 작가의 시 중에는 은유나 형상성의 정도가 심해서 난해하고 작가의 메시지가 무엇인지 이해되지 않는 경우가 많다.

십수 년 전에 안도현 시인의 '안도현의 내가 사랑하는 시' 『작고 하찮은 것들에 대한 애착』이라는 시집을 읽으면서 여러 시인의 시를 감상했던 적이 있다. 그런데 이번 강의에서 동시 『초록 풀잎 하나가』를 읽고 이렇게 기교를 부리지 않고 쉬운 언어로도 신선한 충격을 줄 수 있다는 사실을 알게 되었다. 초록 풀잎 하나는 존재 의미가 약하지만, 옆에 있는 풀잎에 말을 전함으로써 말이 전체로 퍼져 무리 지어 바람에 흔들리게 되고, 들판은 초록이 된다는 얘기에는 많은 의미가 담겨 있다고 생각한다. '뭐라 뭐라 말을 거니까'는 어린이의 상상력과 천진함을 느끼게 한다. 어린 시절 여름날 밤에 개구리 한 마리가 울면 수많은 개구리가 합창하는 소리를 들으면서 그건 개구리의 구애 작전이라고 했던 기억이 떠오른다. 혼자보다는 무리가 힘을 합치면 큰 힘을 발휘할 수 있으니 서로 도와야 한다는 가르침도 주는 듯하다. 이렇듯 어린이 세계로 돌아가 어린이다운 말로도 시인의 생각을 충분히 전할 수 있다는 본보기 되는 작품이라고 생각한다.

이해인 수녀의 시집 『내가 반달로 떠도』와 『꽃은 흩어지고 그리움은 모이고』 2권의 시집에 작가의 사인을 받았다. 강의를 마치고 저마다 내미는 수십 권 시집에 일일이 꽃을 그리고 첫 시집 『민들레의 영토』 상징을 넣어 정성스럽게 사인해 주는 모습은 그 자체가 한 편의 시가 된다고 생각했다. 두 시간 강의만으로도 지친 상태에다 갈 길도 먼데 한 시간 가까이 애쓰는 모습에서 기도와 사랑이 밴 수녀님의 시를 모두 감상한 기분이 들었다. 천주교 세례받고 얼마 안 되어 낸 수녀 님의 시집 『오늘은 내가 반달로 떠도』에서 '수녀'라는 시를 읽고 구도자로 사는 수녀 님의 고뇌를 꾸밈없이 드러낸 용기에 감동하였다. 쉽고 때 묻지 않은 언어와 기교를 부리지 않고도 좋은 시를 쓸 수 있겠다는 생각도 들었다. "누구의 아내도 아니면서 누구의 엄마도 아니면서 사랑하는 일에 목숨을 건 여인아 그 일이 뜻대로 되지 않아 부끄러운 조바심을 평생의 혹처럼 안고 사는 여인아"에서 평생을 구도자로 사는 수녀 님의 고뇌가 얼마나 깊은지 사랑 실천에 얼마나 목마른

지 애처로움까지 느끼게 된다. 그 어렵고 힘든 수도원 생활을 '제맛을 낼 때까진 어둠 속에 익고 있네. 즐겁게 기다리네'라고 승화시키면서 대미를 장식한다. 이해인 수녀의 시를 읽으면 저절로 마음이 편안해지고 따뜻한 바람이 이는 행복을 느끼게 되니 시가 곧 기도라는 생각을 하게 된다.

문학은 언어를 통해 감동을 주는 예술이라는 점에서 "상상력과 창의력이 없는 삶이 얼마나 비참한지를 간접적으로 얘기하고 싶었다."라는 디킨스의 말과 "문학은 좀 더 재미있는 방식으로 우리에게 삶의 진리를 제시하는 것"이라는 톨스토이의 말에 공감하면서 문학은 인생을 아름답게 해주는 청량제라는 사실을 새삼스럽게 느낀다.

\* 참고 문헌 : 김현주 교수, 이해인 수녀, 안도현 시인, 정희성 시인 강의 자료
『고운 마음 꽃이 되고 고운 말은 빛이되고』, 이해인, 샘터 2023
『나는 내가 누구인지 몰라』, 안도현, 출판그룹 상상 2023

# 한국 현대 문학

　대구가톨릭대학교 김지영 교수가 한국 현대 문학의 대표 작가 이광수, 김동인, 염상섭, 김승옥, 박완서 작가의 삶과 작품 세계를 이해함으로써 작가가 추구한 삶의 가치를 탐색한다는 주제로 강의했다. 현대 작가들의 첫째 연애라는 표상, 둘째 매혹스러운 근대 일상의 모험, 셋째 대중 서사시 장르의 모든 것에 관한 강의에서 시기별로 작가의 출생 당시의 집안 사정, 생활 환경과 사상을 알아 보고 작품의 특성을 탐색했다.

　▨ 수강 후기 - 현대 작가 탐색
　인류가 만물의 영장으로 존재할 수 있는 건 문자를 사용한 덕분이라고 한다. 문자로 깨우친 지식이나 다른 사람으로부터 얻은 정보 기술을 기록하여 활용함으로써 일상의 기록은 역사가 되고 정보와 기술이 축적되어 문명의 발달을 이룩하게 되었다. 인쇄술과 종이 기술의 발달은 한 국가의 국민이 어떤 문자를 어떻게 사용하느냐에 따라 국가나 사회의 흥망이 결정된다는 점에서 문자의 중요성은 매우 크다 하겠다. 다행히 우리나라는 세계에서 가장 우수하고 과학적인 한글 덕분에 한류 문화를 전 세계에 전파하고 그 우수성을 인정받게 되었다. 한강 작가가 노벨문학상을 받게 되었다는 소식을 듣고 한류 문화에 자부심을 느끼게 되었고 늦은 나이지만, 인문학 공부를 참 잘 시작했다는 생각이 들었다. 인문학 중에 국문학은 가장 기본 된 학문이라는 점에서 '현대 작가 탐색'은 시의적절하고 큰 울림을 주는 계기가 되었다.

짧은 시간에 현대 문학의 대표적인 작가의 시대적 배경과 성장 과정, 가정 환경 등 생애를 통합적으로 분석함으로써 작가의 작품 세계를 탐구한 강의는 큰 보람이었다. 현대 문학은 1900년대 초기의 유교와 한자 문화의 영향을 많이 받은 최남선, 이광수를 중심으로 하는 계몽 문학이 주류를 이루었으나 생활 환경이 좋았던 김동인, 주요한, 전영택은 우리나라 최초의 종합 문예 동인지인 《창조》를 1919년에 창간하면서 순수 문학을 지향했다고 배웠다. 이어서 이효석, 정비석 작가가 한국 현대 문학에 큰 발자취를 남기고 박완서 작가에 이어 김승옥, 최인호 작가가 맥을 이었다. 일제강점기 암흑의 시대를 거치면서 전통과 개화의 충돌 속에서 자유사상이 싹트고 신문화의 일환으로 자유연애가 대중의 갈증을 해소하고 억압에서 탈피하게 하는 치유 역할을 했다고 생각한다. 임선규의 『사랑에 속고 돈에 울고』는 이런 시대적 요구를 반영하여 자유연애를 주제로 상업적 흥행에 성공

할 수 있었다. 육이오 동란을 겪으면서 극심한 혼란과 피해 의식에서 벗어나기 위해 멜로 문학이 인기를 얻게 되어 최인호 작가의 『별들의 고향』은 젊은 세대의 선풍적인 인기를 누린 기억이 생생하다. 여기서 특이하게 생각되는 점은 이북 출신 작가가 많은 이유가 어떤 시대적 의미를 뜻하는가다. 평양의 오산학교나 대성학원에서 많은 문사가 배출된 것은 기독교 문화가 일찍 이북에 도입된 덕분이 아닌가 하는 생각이 든다.

젊은 시절에는 그저 흥미 위주로 소설을 읽었기에 작품 속에 담긴 문학적 의미나 시대적 절곡을 발견하는 데 소홀하였고, 작가가 전하고자 하는 메시지를 제대로 읽어내지 못했다는 생각이 든다. 청년기에 읽은 이광수의 소설을 통해 계몽의식이나 전통문화 비판을 느꼈지만, 자유 연애론에 흥미를 더 많이 가졌던 게 사실이다. 이번 강의를 통해 작가의 생애와 시대적 배경을 공부하고 나서 친일 작가라는 누명을 쓰게 된 비애를 이해할 수 있게 되었다. 계몽의식이 강했고 민족 개조론을 주장하면서 생애 대부분을 민족의 자존을 높이는 데 노력했으면서도, 마지막 6~7년을 일제에 충성하는 굴곡진 생애를 살면서 불명예스럽게 생을 마쳤다는 점에서 인간적으로 측은지심을 느끼기도 한다.

박완서 작가의 『엄마의 말뚝』은 작가의 어린 시절 시대적 배경, 가정 환경의 영향을 많이 받았고 엄마의 굳은 심지가 교과서적으로 잘 묘사되어 있음을 느끼게 한다. 엄마의 지혜롭고 깨어 있는 의식은 동서양을 막론하고 자식에게 엄청난 영향을 미친다는 사실을 다시 인식하게 된다. 서양 철학의 아버지로 불리는 아우구스티누스 성인의 어머니 모나카는 아들의 교육을 위해 작은 도시 타카스테에서 카르타고로 갔고 동양의 아성亞聖인 맹자의 어머니는 삼천지교를 실천했다는 가르침은 잘 알려진 사실이다. 사백여 년 전의 율곡 선생도 어머니 신사임당의 말뚝에 큰 영향을 받아서 유학의 거두가 되었다는 사실도 어머니의 지혜와 굳은 심지가 자식에게 얼마나 큰 영향을 미치는지 상기시켜 준다.

60년대의 대표 작가 김승옥은 4.19와 5.16를 거치면서 상실의 시대를 산 청년들의 허기진 갈증과 사회 변화에 따른 개인의 소외감을 그려내는 데 세심한 감수성을 발휘했다. 박완서가 여성을 중심으로 한 미려하고 세심한 묘사로 자전적 소설을 썼다면, 김승옥은 일상을 통한 개인 자아의 발견 과정의 심리 상태를 근거로 예민한 감수성과 세심한 언어로 종전의 질서를 뛰어넘는 새로운 스타일의 소설을 많이 쓴 작가로 한강 작가에게도 영향을 미쳤다는 생각이 든다.

지금은 영상 문화의 시대이고 디지털 영상이 블랙홀이 되는 세상이기에 사람들은 인쇄 문화에서 점점 멀어지고 글을 읽고 쓰는 자체가 인내력이 필요한 일이 되었다. 빠르게 지나가는 영상에 몰두하는 동안 영혼은 메마르고 삶은 거칠어지는 세상으로 변하고 있다. 군중 속의 노인은 점점 외톨이가 되어가고 고독과 싸우면서 살 수밖에 없는 노후 생활을 강요당하고 있다. 도시 노인 인구가 급격하게 증가하면서 고독과 무미건조함에서 벗어나기 위해 독서나 글 쓰기 모임이 생겨나고 함께 모여서 힘들게 읽거나 쓴 글을 비평하고 격려하는 노후 세대가 늘어나면서 나도 글공부에 동참하고 있다. 정신적 갈증을 해소하고 고독과 외로움에서 탈피하는 치유를 바라서이다. 종이에 쓴 글이라야 머리에 남아 영혼을 살찌우는 자양분이 된다고 생각한다.

니체는 《자라투스트라는 이렇게 말했다》에서 "일체의 글 가운데 나는 피로 쓴 것만을 사랑한다. 글을 쓰려면 피로 써라. 그러면 너는 피가 곧 넋임을 알게 될 것이다."라고 글 쓰기 원칙을 밝혔다. 연세대 입구 연세로에 조성 되어있는 '문학의 거리'에 최인호 작가의 핸드프린팅 동판에 '원고지 위에서 죽고 싶다.'라는 글이 새겨져 있어 작가가 얼마나 치열하고 힘들게 글을 썼는지 짐작하게 한다.

강의를 통해 작가가 한 작품을 쓰는 데 얼마나 많은 피와 땀을 흘렸을까 생각하고 그 작품 속에는 작가가 살았던 시대정신과 작가의 생애를 먼저 알고 작가의 사상을 이해해야만 작가가 전하는 의미를 이해할 수 있음을 배웠다. 지금까지는 주로 흥미 위주로 책을 읽었지만, 이제부터는 비평적 입장에서 탐구하는 자세로 작품을 읽어야 하겠다고 생각하게 되었다.

노년에 고전이나 소설을 읽을 수 있고 독서를 통해 인생의 본질을 깨닫고 탐욕에서 벗어나 무지를 조금이라도 덜어가는 경험을 누린다는 사실에 환희와 감사하는 마음이 생긴다. 문학 관련 책을 읽을 때는 첫날 강의 교재 '현대 작가 탐색'을 책상머리에 두고 수시로 참고하려 한다.

\* 참고문헌 : 김지영 교수 강의 자료

# 동양의 출판 문화

대구가톨릭대학교 손계영 교수가 동양의 기록 매체, 종이의 발명과 전파, 한지 제조 방법과 그 우수성에 관해 설명하고, 동양 도서의 형태와 장정, 전통 책 제작법을 알아보았다. 동양 도서의 구성과 판시, 고서의 편찬 체제를 알아보고 제책製冊과 제본製本 과정을 거쳐 도서의 장정裝幀을 살펴보았다. 동양의 기록 매체, 도서의 형태와 장정에 대해 고서古書 실물을 직접 보면서 도서의 구성과 편찬 체제, 인쇄본에 대해 강의하였다.

### ▨ 수강 후기 - 서문序文의 필자

고전이든 현대 서적이든 거의 모든 책에는 서문이 있다. 서문은 서제序題라고 하며 제목이 있고 그다음에 서문의 본문이 이어지는 경우가 많다. 오늘날도 책의 표지를 열면 첫 페이지에 서문, 머리말, 들어가는 말, 프롤로그 등의 서제가 있고, 그다음에 본문이 전개되는 경우가 많다. 고서의 경우 例-'遲川 先生 文集 序'처럼 서제序題가 있고 그 사람 다음에 서序라는 글자로 서문을 표기하고 칸을 달리하여 서문의 본문이 이어지는 형식을 많이 보았다. 고서의 경우 문집의 서문은 후학이나 책을 만든 후손, 친지 등이 쓰기도 하고, 개인 저서의 경우는 스승이나 그 분야에 권위가 있는 사람이 쓰는 경우가 있는 줄로 안다. 공적 기관이나 학회 등에서 책을 낼 때에는 대표 집필자나 해당 단체의 장이 서문을 쓴 사례도 보았다.

서문은 저자가 그 책을 쓰게 된 동기나 책의 본문 내용에 대해 미리 자기의 생각을 쓰는 일도 있어서 책을 읽지 않고도 그 책의 대략적인 내용을 짐작할 수 있고, 저자의 생각과 독자에게 전하고자 하는 메시지를 사전에 파악할 수도 있다. 고전의 경우 서문을 쓴 사람의 학식이나 인품을 미루어 보아서 그 책의 가치를 판단하는 방법도 있다고 한다. 요즘은 저자의 서문 앞뒤에 추천사를 단수 혹은 복수로 게재하는 경우가 있는데, 이 경우 누가 추천사를 썼느냐에 따라서 그 책의 무게가 달라질 수도 있다. 고전의 경우 서문 외에 스승이나 사계의 권위자가 추천사라는 형식으로 쓴 또 다른 서문이 있는지 연구하고 싶은 부문이다.

한편, 번역의 경우도 저자의 서문 외에 번역자의 역주譯註 형식의 글이 있는 경우도 보았다. 동양고전의 경우 서문은 책을 번역하거나 편집한 사람의 이야기를 적는 경우가 있고, 그다음에 해제解題라는 제목으로 본문의 내용을 미리 간략하게 해설해 주는 글도 보았다.

고전의 경우 서문을 쓴 사람을 연구하면 그 책의 저술 연대를 알 수 있게 되고 저자의 사회적 지위나 학문적 성취도를 짐작할 수 있으며,

서문을 다른 사람이 쓴 경우는 저자가 속해있는 학파나 단체의 사상이나 학문의 이론적 주의 주장도 알 수 있다. 예를 들면 ○○학파, ○○학설 등을 알 수 있어서 결국 그 책의 중요성을 파악하는 귀중한 자료가 된다.

고서의 서제序題에는 끝부분에 있는 글을 예로 들면 '正德 庚辰 冬 十二月 望日'처럼 서문을 쓴 일시가 있어 글을 쓴 시기를 알 수가 있고, '後學 莆揚後峯黃鞏 謹序'라는 글로 미루어 보면 서문을 쓴 사람, 문집의 대상자와의 관계 등도 알 수 있어서 흥미로운 연구 대상이 될 수 있다. 이처럼 서문은 다양한 표현과 여러 양식이 있어서 잘 연구하면 책의 내용을 파악하는 데 도움이 되고 시대상이나 인간관계에서 새로운 사실을 발견할 수도 있다고 생각하여 연구 대상으로 선정하였다.

수업 시간에 현대 책의 서문에 대해 말씀하셨고 '서문'이라는 제목, 본문 외에 글을 쓴 연월일과 저자의 이름을 사례로 보여주었다. 고전에서는 서문序文의 서제序題 부분과 서문을 표시하는 '序'라는 글자의 역할에 관해 설명했다. 서문의 본문 끝에 글 쓴 시기를 표시한 연호年號에 대해 상세하게 설명하고 글쓴이의 이름을 설명하면서 그의 생몰 연대까지 얘기했다. 근 서謹序라는 마지막 글자의 의미와 본문의 주인공과의 관계를 설명하고 특히 서序라는 글자가 '공경하여 서문을 쓰다.'라는 의미라고 한다. 고서의 종이 재질 편찬 체제 장정을 이해하면 편찬 연대나 주인공의 인물 됨을 알 수 있어 서책의 가치를 가늠할 수 있다고 한다.

\* 참고문헌 : 손계영 교수 강의 자료

## 거룩한 책

대구가톨릭대학교 신학 대학원장을 하고 현재 대구 대교구 문화 홍보국장인 박병규 요한 보스코 신부의 강의는 성경의 역사적 배경과 시대적 흐름, 성경의 의미와 가치를 이해하는 데 중점을 두었다. 구약성경의 구조와 핵심적 가르침, 성경의 시대적 배경과 공관 복음서를 중심으로 예수그리스도의 가르침을 강의했다. 바오로가 추구한 보편주의적 신앙관과 구원을 배우고 요한 묵시록을 중점적으로 다루었다. 저서로는 교재로 삼은 『성경 본문 줌 아웃』과 『공관 복음-신약성경의 이해』, 『요한복음서 천천히 읽기』, 『말씀 흔적』 등 다수가 있다.

▧ 수강 후기 - 성경 읽기

성경 통독 공부나 성경 쓰기를 하는 신자가 많다. 성경을 읽으면서 그 의미를 제대로 알기는 쉬운 일이 아니다. 성경은 역사 사실관계 기록으로 인식하는 경향이 많은데 성경이 하느님에 대한 신앙인의 고백이라는 관점에서 보면 성경의 문자적 의미는 물론 비유적 의미를 알아야 한다. 강의교재 『성경 신학』에서 '성경 읽기의 역사'에 나오는 글인 "성경 읽기 방법은 인문학적 고민과 사유를 바탕으로 한 인간 삶의 모든 분야로 개방되어야 한다. 인간 역사 안에서 말씀하시며 역동적으로 육화하는 하느님의 계시 진리를 구체적으로 보여주고 실천해야 한다."를 읽고 성경 읽기가 단순한 책 읽기와는 많이 다르다는 사실을 알게 되었다.

강론에서 "성경은 하느님에 대한 신앙인의 고백이다."라는 말과 "구원받으러 성당 가는 그것이 아니라 지금의 구원을 나누러 간다."라는 말은 지금까지 나의 인식이 잘못되었음을 깨닫게 해주었다.

순결의 상징으로 생각했던 성모 마리아에 대한 히브리어와 그리스어 표현을 듣고 글의 지시적 기능과 인식의 틀에 갇혀있는 자신을 발견하게 되었다. 빨간 셔츠를 입고 일사불란하게 외쳤던 '오! 필승 코리아!'가 서양인의 눈에는 획일의 상징으로 보였다는 얘기를 듣고 충격을 느꼈다.

신형철 교수의 평론집에서 인용한 성경의 문자적 의미와 비유적 의미, 윤리적 의미, 신비적 의미를 구분할 수 있어야 할 듯하다. 『성경 본문 줌 아웃』에 실려 있는 언어의 '지시적 기능'을 고려한 읽기에 대한 이해는 프랑스 해석학자 폴 리쾨르의 '텍스트의 세상'이라는 말에서 답을 찾는다. 이야기는 실제 세상일과 다르다는 것, 오히려 완전히 새로운 세상을 만들어내는 것이 이야기라는 말에 공감한다. 복음서 2

장에 나타나는 성경 정화 사건의 실제 사건은 새롭게 알게 된 사실이다.

『성경 본문 줌아웃』에 실려 있는 12가지 이야기에는 성경의 주요 내용이 포함되어 있다. 하나의 이야기에는 서문과 이야기 읽기, 해설에 보태 또 다른 이야기로 구성되어 있어 성경 공부와 이해에 많은 도움이 되었다. 특히 '또 다른 이야기'에 실린 주옥같은 글귀에 공감과 신선한 충격을 받았다. 신학자 폴 틸리히의 "현대 종교의 타락은 종교를 도덕주의로 국한하는 데 있다."라고 보았듯이 "신앙을, 도덕을 앞세워 존중과 부러움의 대상이 되는 것으로 이해하는 그것이 종교의 타락"이라는 말에 공감한다. 또 "신앙의 이름으로 나쁜 것과 좋은 그것을 갈라놓고 좋은 그것에 과도하게 집착하면 신앙은 억압이 된다." "선행의 결과가 자기 모습을 훌륭하게 채색하는 데 사용되고, 훌륭하지 못한 이들에게 적대적으로 되는 데 사용된다."라는 말과 "한 사회가 요구하는 관습과 그 관습을 통한 사회적 올바름에 매몰되면 그렇지 못한 이들에게 배타적이 된다."라는 말은 새겨들을 명구로 생각된다.

강의에서 언급된 신앙한다는 것은 "타인으로부터, 세상으로부터 나를 지키는 일이 아니다. 세상 모든 존재의 근원이자 목적인 하느님을 알고 따르는 일이 신앙이다. 그래서 신앙은 십자가의 길이다. 아프지만, 힘들지만, 보람된 일이 십자가의 일이고 신앙이다."라는 글은 신앙을 새롭게 인식하고 성경 공부를 다시 해야겠다는 결론에 이르게 한다. 성경은 하느님에 대한 신앙인의 고백서라는 말이나 수도 생활은 도 닦는 생활이 아니고 공동체 생활을 통해 하느님 말씀을 실천하는 것이라는 말이 신선하게 들린다. 또 안식일이 쉬는 날이 아니라 비교를 중지하고 다른 이를 보는 시간이라는 말은 성경에 대한 인식을 다시 하게 했다.

* 참고문헌 : 『성경 본문 줌 아웃』 박병규 신부, 생활 성서사 2022, 강의 자료

# 시편

대구가톨릭대학교 강수원 베드로 신부가 가톨릭교회의 시편은 구약성경에 150편의 시가 수록된 이스라엘 백성의 기도서요 찬미 노래라고 했다. 시편에는 구세사 안에서 베풀어진 하느님의 구원 경륜에 대한 이스라엘 백성의 전통적인 생활과 인격적인 응답으로서의 기도가 담겨있다고 했다. 왜 시편으로 기도하는지 시편에 대한 이해와 시편의 구조, 머리글과 지은이 문제, 시편의 기교에 대해 배우는 기회가 됐다. 시편의 유형인 탄원, 찬양, 감사, 지혜 등 개인 생활에 따라 하느님께 드리는 응답으로 이해되었다고 한다. 강수원 신부는 '토빗기'를 연구하고 주해서를 쓴 공로로 제28회 한국가톨릭 학술상을 받았다.

▧ 수강 후기 - 개인 탄원 시편 22편 주해

서론부에서 첫 번째로 하느님의 이름을 부른다. "저의 하느님, 저의 하느님."이라고 외치고 "소리쳐 부르건만 구원은 멀리 있습니다."라고 멀리 있는 하느님을 부른다. 4~6절에서는 조상들을 구원하신 하느님을 기억하고 구원과 신뢰를 3의 원칙을 통해 강조했다.

두 번째는 7~9절에서 고통스러운 처지를 알린다. 구더기, 우셋거리, 백성의 조롱거리라면서 3의 원칙으로 강조한다.

본론부에서는 첫 번째로 죄 또는 무죄함을 고백한다. 당신만이 나를 도와주시리라는 믿음을 고백하고, 원수들의 공격을 통해 고통의 상황을 얘기한다. 수소, 황소, 사자 같은 맹수들이라고 했는데, 이는 기도자를 괴롭히는 '사람들'을 힘세고 사나운 동물로 표현하였다.

두 번째는 하느님에 대한 신뢰를 기도한다. 침묵하는 하느님, 멀리 계시는 하느님에 대한 기도다. 이 시편을 읽으면서 예수님이 악인들에 의해 고통받으시고 십자가에 매달려 돌아가시는 장면을 연상하게 된다.

세 번째로 하느님께 도움을 간청한다. 20~22절의 "주님 어서 저를 도우소서."라는 기도는 성무일도 시작 기도를 연상시킨다.

네 번째로 적대자들에 대한 저주를 알린다. "뼈들이 어그러졌다."라는 말로 죽음과 도 같은 기도자의 상황을 묘사하고 악인들의 악행을 알리면서 저를 도와 달라는 기도를 바친다.

다섯 번째로 하느님의 응답에 대한 확신을 이야기한다. "당신께서는 저에게 대답해주셨습니다."라고 하여 기도 중에 하느님의 응답과 구원에 대한 확신을 고백한다.

결론부는 하느님께 대한 찬미로 초대다. "주님을 찬양하여라." "주님께 영광 드려라." "주님을 두려워하여라."라고 하여 세 번씩이나 강조하는 형식을 적용한다.

'주님을 경외하는 이들', '야곱의 후손들', '이스라엘의 모든 후손'이라면서 동의적 대구법으로 강조한다. '세상 끝'이라는 말은 찬미의 공간적 확장을 뜻하고, '세상의 모든 권세가들'은 찬미의 시간적 확장을 뜻한다는 사실도 알게 되었다.

"그들은 태어날 백성에게 그분의 의로움을 알리니 주님께서 이를 행하셨기 때문이다."는 말로 구원 업적을 전함으로써 다음 세대에서도 하느님을 통해서만 구원을 얻을 것이라고 찬미하면서 끝을 맺는다.

\* 참고 문헌 : 강수원 신부 강의 자료

제 6 부

**예술**

# 명상 그림

　서말 하삼두 화백은 40년 넘게 동양화가로 활동하면서 주로 수묵화로 명상 그림을 그렸다. 23회의 개인전과 자선전 4회를 개최했다. 베네딕도 16세 교황 재임 시 교황청에 작품 '나의 예수'를 헌정했고, 가톨릭평화신문에 1년간 그림 연재했으며 2025년 4월 현재 가톨릭신문에 에세이를 연재 중이다. 부산대학교, 동아대학교 등 대학에 강사를 역임하고 대구가톨릭대학 유스티노자유대학원 외래 교수를 겸하고 있다. 명상 그림집 『지금 여기』, 『그렇게 말을 걸어올 때까지』와 그림 전기 『알로이시오 신부』와 이번 강의교재인 『여백에 머문다』를 출간했다.
　문인화를 이루는 요소로 제사題詞(작품 앞에 제목처럼 쓴 글)와 발문跋文(작품 뒤에 쓴 글) 과 점경點景(작품 속에 작은 그림이나 사물을 그려 넣은 것)이 있는데 이 세 가지를 잘 활용하여 여백의 미를 살린 특색 있는 명상 그림이 많다. 하 화백은 강의에서 "예술은 진심을 알게 하는 거짓이다."라고 했고 현대는 기념 미술 시대로 앞뒤 없이 자기 관점을 표현하는 시대라면서 인문학은 정답이 없다고 했다. 동양화는 사의화寫意畵이고 서양화는 사실화寫實畵라고 하면서 감상법으로 첫째 모든 예술품은 모티브가 하나여야 하고, 둘째 모두 세 개의 요소로 구성되어 있으며 셋째 객관성과 주관성이 있어야 한다고 했다.

수묵화의 매력은 화선지와 먹물에 있는바 여러 종류의 화선지 중 먹물이 잘 번지는 당지唐紙가 으뜸이라고 했다. 먹물을 쉽게 흡수하여 덧칠할 수 없고, 화선지가 먹물을 받아들일 만큼 흡수하고 나면, 은은하게 배어 나오는 현상을 예상할 수 없다는 점이다. 당지의 특징이 번짐 현상과 생명의 기운처럼 퍼져나가는 여백 미는 수묵화로만 표현할 수 있다고 했다.

\* 참고문헌 : 『여백에 머문다』 하삼두, 들숨 날숨 2022, 강의 자료

▨ 수강 후기 - 왜관 수도원 방문기

5월 중순 어느 좋은 날 아침에 친구 넷이 대경선 기차를 타고 왜관으로 갔다. 오늘의 목적지는 왜관 성 베네딕도 수도원이다. 수도원에서는 마침 하삼두 화백의 해외 선교사업 기금 마련을 위한 전시회가 개최 중이다. 수도원 정문으로 들어가니 구 성당 건물이 먼저 보인다. 1928년에 로마네스크식으로 지어진 최초의 성당 건물인데 1952년 북한과 만주에서 추방당한 베네딕도 수도회의 임시 수도원으로 사용된 적이 있고, 1967년 왜관읍 안에 새 성당을 지어 이전한 후에는 구 성당이라는 이름으로 불리고 있다. 성당 안쪽 단층 건물은 1935년에

본당 사무실로 지었고 왜관 첫 유치원으로 사용되기도 했으며 한국전 당시 부상병 치료 장소로도 사용되었다고 한다. 구 성당 옆에 화재 후 새로 지은 대성전이 보인다. 계단 입구에 '모든 일에 하느님께 영광'이라는 글이 새겨진 큰 돌이 세워져 있고 오른쪽 축대 위에 성 베네딕도 성인 동상이 보인다. 계단을 오르니 성전 입구 석벽에 '기도하고 일하라'는 글이 새겨져 있고 밑에 '주님의 은총과 은인들의 도움으로 백 주년을 기념하여 하느님의 집을 짓다. 2008. 4. 18. 기공 2009. 8. 30. 축성'이라는 글이 새겨져 있다.

2007년 4월에 화재로 수도원 건물이 반 이상 소실되자 전부 철거하고 새로 지은 건물이 대성전이다. 2009년 8월 준공 축성식에 이어 9월 19일부터 9월 25일까지 성 베네딕도 수도회 한국진출 100주년 기념행사가 개최되었다. 당시 건축 기금 모금 서울 후원회에서 활동한 친구의 초대로 준공 축성식에 참석하고 아기 안은 성모상을 선물로 받아서 지금도 집에 모시고 있다. 성전에서 성무일도 기도를 바치면서 수년 전에 먼저 떠난 그 친구가 떠올라서 너무 일찍 데려간 하느님이 야속하다는 생각이 들었다.

기도를 마치고 하삼두 화백의 해외 선교사업 기금 마련을 위한 전시회 '옵스꿀타Obsculta'가 열리고 있는 성물방 2층으로 향했다. 하삼두 화백과 반갑게 인사를 나누었지만, 일행의 일정에 맞추다 보니 작품 감상하는 시간이 너무 짧아서 작품 이야기를 자세하게 들을 수 없어서 아쉽고 미안했다. 이번 전시 작품은 수묵에 붉은 색상이 많이 들어간 점과 나무 조각 작품이 특이하게 보였다. 특히 〈스타 치오〉(자작

합판에 목각 위 아크릴)라는 작품은 처음 보는 대작으로 작업 과정이 엄청 힘들었을 듯하다.

한국 최고의 건축가였던 김수근 건축가의 수제자인 승효상 건축가가 설계하여 2024년 5월에 완공한 '문화영성센터'는 건축물의 미적 측면 말고도 그 규모나 용도를 볼 때 성 베네딕도 수도원이 우리 사회에 미치는 영향이 얼마나 큰지 알 만하다. '기도하고 일하라'라는 수도원의 정신에 따라 목공실, 금속 공예실, 밀랍 초방, 분도 가구 공예사, 유리화 공예실, 분도 출판사 등 수많은 작업장이 있고, 낙동강변에 넓은 농장이 있어 많은 농산물을 생산하여 유기농 식품을 공급하고 있다. 신앙적 측면 말고도 경제적, 문화적 측면에서도 왜관 성 베네딕도 수도원이 지역 사회에 미치는 영향은 가늠하기 어려울 만큼 지대하다.

성경 말씀을 실천하고 청빈하게 살아가는 수도원의 정신에 맞추어 쿠바 및 해외 선교 후원 기금 마련을 위해 전시회를 연 하삼두 화백의 전시회가 큰 성과 이루기를 기도한다.

## 음악의 신비

테너 이병삼 대구가톨릭대학교 교수와 대구오페라하우스 김민정 국제 교류 팀장, 대구오페라하우스 정갑균 관장이 옴니버스 형식으로 강의했다. 이병삼 교수는 음악 예술의 이해와 심미감의 경험을 쌓는 데 필요한 음악에 대한 접근 자세에 대해 자신의 삶을 토대로 설명했다. 김민정 팀장은 오페라의 정의와 역사, 오페라를 만드는 사람, 세계의 유명한 오페라 극장, 대표적인 오페라 작곡가와 그 작품들, 오페라와 뮤지컬의 차이점 등을 강의했다. 헨델의 오페라-리날도 중 '나를 울게 하소서', 모차르트오페라-피가로의 결혼, 구노 오페라-로미오와 줄리엣 등 많은 근현대 작품의 줄거리와 시대적 배경, 당시 사회 분위기 등을 곁들인 강의는 오페라가 종합 예술이라는 사실을 알게 해줬다. 정갑균 관장은 오페라를 위해 평생 음악에 바친 자신의 삶을 얘기했다. 음악 예술인이 되기 위해 장충동 국립극장의 매표관리원 일부터 이탈리아 유학 때 피렌체에서 당시 유명했던 정명훈 예술

감독을 만나기 위해 피나는 노력을 했던 눈물겨운 이야기가 음악뿐 아니라 인생의 이야기로 심금을 울렸다. 마지막 강의로 실제로 아베 마리아 등 오페라 여러 곡과 가톨릭 성가, 한국 가곡을 불러준 이병삼 교수의 음악 공연을 통해 음악의 신비와 재미를 느꼈다.

▨ 수강 후기 - 음악을 통해 신비를 느끼다

망설임 끝에 어렵게 인문학 공부를 시작하게 되었다. 교과 과정에 음악 강좌가 들어 있으리라고는 기대하지 않았을뿐더러 지독한 음치인 데다 음악에는 젬병인 7학년 만년에 서양 고전 음악 강좌를 듣게 될 줄은 꿈에도 생각지 못했다. 통상 교수 한 분이 강의를 맡지만, 가톨릭대학교 이병삼 교수(성악가)를 중심으로 김민정 대구오페라하우스 음악 팀장과 정갑균 대구오페라하우스 관장으로 이어진 옴니버스 음악 강좌는 입체적이어서 음악을 좀 더 쉽게 이해할 수 있게 해주었고 실감이 났다. 김민정 음악 팀장은 오페라에 대한 정의와 역사, 오페라의 종류, 오페라 만드는 사람, 그리고 세계의 유명한 오페라 극장과 대표적인 오페라 작곡가와 작품에 대한 설명을 마치 보석 보따리를 풀어 놓듯이 흥미롭게 풀어놓았다. 서양 귀족 사회의 오페라 생성 과정에 대한 설명은 오페라와 뮤지컬의 차이점과 서양 귀족 문화와 상관관계를 이해하는 데도 도움이 되었다.

오페라 공연을 위한 오페라 전용 극장이 우리나라에서 최초로 우리 지역에 세워졌고, 그 덕분에 시민들이 수준 높은 공연을 감상할 수 있다는 사실은 지역민으로서 자부심을 느끼게 한다.

대구문화예술원의 대구오페라하우스 정갑균 관장의 오페라 사랑에 대한 강의는 음악에 대한 지식은 물론 한 예술가의 진지한 인생 역정을 듣는 귀중한 기회였다. 대학생 시절 학비를 벌기 위해 장충동 국립극장의 매표원 자리를 얻으려고 기발하고도 끈질긴 노력을 한 끝에 목표를 이루어 매표원이 되었다. 열화같은 예술 사랑으로 마침내 매표원에서 결국은 그곳의 예술감독에 오르게 되는 인생 역정은 듣는 이에게 가슴 뜨거워지는 용기와 감동을 안겨주었다. 이탈리아 유학 때는 다락방에서 지내면서 피렌체 극장의 정명훈 예술감독을 만나기 위해 여러 날 극장 앞 광장을 배회하던 중에 그 정성이 통했는지 관리인의 눈에 띄어 쪽지 편지를 전할 수 있었다고 한다. 가난과 싸우면서 오직 예술 사랑에 대한 집념만으로 굽힐 줄 모르는 노력 끝에 마침내 세계적인 음악가를 만나서 지도를 받을 수 있었다는 얘기에는 눈시울을 붉히지 않을 수 없었다.

오페라는 문학과 만나 감동을 만들어내는 종합 예술이라 하였다. 문학 이야기는 물론 의상, 조명, 영상 디자인과 건축, 미술을 바탕으로 인간과 악기의 소리가 조화를 이루어 만들어내는 종합 예술이기 때문이다. 예술의 가치는 감동을 주는 데 있다고 했다. 감동은 한 사람의 사상과 인성을 이루는 촉매가 된다고 하였듯이 한 인간의 예술을 위한 사랑과 희생이 이루어 낸 성공한 삶의 이야기가 오페라 이야기만큼이나 또 다른 감동을 주었다.

두 분 음악 예술가의 강의로 오페라에 대한 기초적인 지식을 쌓은 데다 마무리로 성악가인 이병삼 교수의 공연을 보고 들으면서 음악의 신비를 새롭게 느끼게 되었다. 피아노 반주를 곁들인 이병삼 교수의 솔로 공연은 평소에 경험하지 못해본 감격스러운 체험이었다. 아베마리아부터 한국 가곡, 가톨릭 성가를 차례로 감상하고 오페라 토스카를 가장 가까이서 듣는 기회를 누렸다. 앙코르곡 박연폭포를 들을 때는 가슴이 먹먹해지는 감동의 심연에 빠졌다.

오페라를 서양의 귀족 음악으로만 생각하고 관심이 부족해서 어쩌다 공연을 보고도 제대로 감상하지 못했었다. 이번 강좌를 통해 오페라를 이해하게 된 건 만학의 값진 선물이었고, 음악의 신비가 영혼을 맑게 해주는 묘약임을 알게 되어 그저 즐겁기만 하다.

\* 참고문헌 : 이병삼 교수, 김민정, 정갑근 교수 강의 자료

# 서양 고전 음악

첼리스트 이현정 '커트 까페 서울' 음악 감독이 유럽 역사상 400년 이전의 음악부터 현대까지 서양음악의 변천 과정을 강의했다. 첫째로 유럽의 인본주의 대두 이전과 이후, 두 번째 '오페라' 장르가 시작되기 이전과 이후 그리고 산업혁명 이전과 이후를 비교해 보며 거시적인 시야로 음악뿐만이 아니라 예술을 바라볼 수 있는 정보를 얻게 도움을 준다. '거트 까페'의 거트Gut는 소와 양의 창자를 꼬아서 만든 현악기 줄인 데 윌리스 허틀리1878~1912 악장이 타이타닉호가 침몰할 때 연주했던 바이올린 줄이 거트라고 한다. 음악이 무엇인가라는 화두로 변천 과정, 감상법 악기에 대해 강의했다.

◼ 수강 후기 - 프랑스 바로크 음악의 우아함과 고귀함

입동이 지나고 찬바람이 옷깃을 여미게 한다. 신록을 자랑하던 나무들이 옷을 갈아입는가 싶더니 아예 벗어버리는 모습을 보면서 절

로 몸이 움츠러지고 생각이 깊어진다. 다행히 오늘은 움츠러지는 몸과 마음에 영양분을 공급받는 기회를 맞았다. 평소에 접하기 어려운 '프랑스 바로크 음악'을 통해 인생의 희로애락을 반추해 보는 기회를 얻게 되었기 때문이다. 프랑스에서 다년간 서양 고전 음악을 전공하고 '거트 카페 서울' 음악 감독으로 활동 중인 첼리스트 이현정 감독이 '프랑스 바로크 음악'을 4편이나 연주하는 모습을 보여주면서 실제로 바로크 첼로로 연주하고 해설해 주는 강좌를 듣게 되었기 때문이다.

기원전 6세기에 피타고라스가 음악을 천체 음악, 인간 음악, 악기 음악으로 분류하였고, 음악을 감성적 예술이 아닌 수학의 한 갈래로 다루면서 수적 비례로 음계론을 주장했다는 이야기는 서양 문화를 다시 생각하게 하였다. 플라톤이나 아리스토텔레스 같은 철학자가 음악을 자연과 관련짓고, 오락이나 쾌락적 측면이 아닌 교육과 윤리적 견해를 가졌다는 점에서 서양 고전 음악은 이미 매우 격조 높은 예술이었다는 사실을 알게 되었다.

스스로 음치라고 생각할 만큼 노래와는 거의 담쌓고 살았다. 어쩌다 노래방에라도 따라가면 학창 시절에 배웠던 가곡을 불러서 분위기를 가라앉게 한 기억이 트라우마로 남아 있었는데 이번 강좌를 통해 서양 고전 음악에 대해 조금이나마 눈뜨게 되었다. 집에서 '프랑스 바로크 음악' 연주를 온라인으로 듣는 동안 아내도 함께 듣게 되어 큰 감동과 함께 영적인 평온을 느꼈다.

프랑스 바로크, '우아함과 고귀함'을 희로애락으로 나누어 들으면서 그 속에 담겨있는 의미를 연상하노라면 음악이 사람의 영혼에 얼마나 큰 울림을 주는지 실감하고도 남았다. 강좌에서 들은 아우구스티누스의 《고백록》에 담겨있는 "이렇듯 오랜, 이렇듯 아름다움이여!"를 떠올리면서 오페라나 뮤지컬 공연을 보면 더 재미있겠다고 생각했다.

특히 연주한 장소가 지금은 대한 성공회 서울 교구장 공관으로 사용 중인 '경운궁 양이재'이기에 더욱 감동을 주었다. 100년도 넘은 조선 왕조의 마지막 목조 건축물에서 수백 년 전 서양에서 연주된 고전 음악을 새롭게 듣는 것은 상상도 못 했던 일이다.

첫 번째 연주는 프랑스 바로크 음악, 우아함과 고귀함 중 '기쁨[喜]'인데 장밥티스트 륄리의 '아라미드 모음곡'이다. 서곡 가보트, 미슈에르, 까나리, 파사칼리아 순으로 춤과 함께 아름답고 고귀함을 연주했다. 프랑스 혁명 150여 년 전에 독자적인 스타일로 연주된 것을 새롭게 연주하는 모습이 성당 제대의 예수님 벽화와 묘한 조화를 이루었다. "가장 훌륭한 삶을 산 사람은 오랫동안 산 사람이기보다 인생을 가장 누린 사람이다."라는 석학의 명언을 덧붙여 분위기를 한층 진지하게 했다.

두 번째 연주는 프랑스 바로크 음악, 우아함과 고귀함 중 '슬픔[哀]'으로 요한 제바스티안 바흐의 무반주 첼로 모음곡 중 제5번 다단조 BWV 1011(extrait)로, 어둡고 긴 터널을 지나는 듯하여 마치 예수님의 고난과 죽음을 연상케 한다. "삶이 힘들면 그것을 감당하기가 고통스럽고 삶이 행복하면 그것을 잃어버릴 것을 두려워하게 된다. 그런데 행복과 불행이 번갈아 다가오는 것이 네 삶이다."라는 또 다른 석학의 말씀이 음악으로 표현되는 감정의 흐름으로 다가왔다.

세 번째 연주는 프랑스 바로크 음악, 우아함과 고귀함 중 '즐거움[樂]'으로 프랑스와 쿠프랭의 '르 파르나스 또는 코넬리 예찬'으로 경쾌하며 생기 있고 즐겁게 연주되었다. 베르사유 궁전에서 프랑스 악기인 '클라브생'으로 연주되었다고 했다. 프랑스 예술의 멋과 음식의 맛을 상상하게 해주었다.

네 번째 연주는 프랑스 바로크 음악, 우아함과 고귀함 중 '노여움[怒]'으로 조셉 브랭드 브아모티에르의 첼로와 통주저음을 위한 소나타 제1번 마단조 'op. 50'인데, 엎치락뒤치락하는 흐름이 마치 우리 인생을 떠올리게 한다.

"시간은 많은 것을 해결해 주기에, 위대한 스승이다."라는 말이 음악 속에 녹아 있다는 생각이 들었다.

이번 강의와 연주를 통해 프랑스 바로크 음악의 진수를 조금이나마 음미할 수 있었고, 인간의 목소리와 감정을 모방한 음의 언어를 악기로 전달하는 소리예술이 얼마나 아름다운지 실감했다. 음악은 인간의 목소리와 악기 소리로 감동을 주는 예술이라는 점에서는 동서양이 다르지 않다고 생각한다. 고대 중국에서 전해 오고 있는 '사서삼경' 중에 《시경》은 그 시대를 살았던 백성의 애환이 담긴 노랫말을 기록한 것이고, 우리나라에도 사회상을 담은 가사나 시조창이 불렸었고 일찍이 가야금이나 거문고 같은 현악기가 있었다는 사실로 보아 음악은 인간 생활의 중요한 부분이었다는 생각을 하게 된다.

이현정 감독이 알려준 대로 1912년 4월 14일 타이타닉호가 침몰하는 중에 윌리스 하틀리1878~1912 악장이 연주했다는 'Near My God to Thee'를 찾아서 들었다. 망망대해에서 배가 침몰하고 있는 절체절명의 순간에도 음악이 인간에게 주는 영혼의 치유가 얼마나 대단한지 느꼈다. 죽음을 눈앞에 맞이하면서도 이성을 잃지 않고 살아남아야 할 사람에게 구명보트를 양보하는 모습은 인간의 힘으로는 할 수 없는 지고지순의 사랑이었다. 가톨릭 성가로 '주여 임하소서'를 듣는 순간은 기도의 시간이 되었다. 창밖에 내리는 빗방울 소리마저 감미로운 음악처럼 들린다.

\* 참고문헌 : 이현정 교수 강의 자료

# 예술 사회학

대구가톨릭대학교 조수정 교수와 최은주 대구시립 미술관장, 조광호 신부의 옴니버스 강의로 이루어졌다. 예술과 사회의 관계를 인식하고 다양한 사례를 통해 예술과 사회의 교차점을 검토했다. 우리 주변에서 발생하는 다양한 미술적 현상들에 대해 비평적 관점을 가지고 자신의 삶을 전망하는 기회를 만들도록 했다.

▧ 수강 후기 - 서양 미술관 감상

그리스도교 문화를 중심으로 발달된 서양(프랑스, 독일, 스페인, 모나코, 네덜란드, 오스트리아, 핀란드) 미술을 국가별로 유명한 박물관과 미술관을 관람하면서 설명을 들으니 유럽 여행 때보다 깊이 있게 감상할 수 있었다. 예술 작품은 그 시대의 문화를 상징하고 작가의 사상이 내재되어 있다고 생각한다. 중세기 이전의 미술이나 음악은 그리스도와 관련된 작품이 대다수인 점으로 보아, 그리스도교 문화 영향을 받았고, 미술관도 당시 문화나 시대 조류에 따르는 양식으로 건립되어 고대 유적 또는 당시 창작품을 소장 전시하고 있다. 대다수의 왕립 또는 국립 박물관과 미술관이 우수한 유물과 유명 작품을 위해 건립되어 선대의 업적을 기리고 후세 교육으로 인류 문화 발전에 기여하고 있다. 독일의 비트라 디자인 박물관, 메르세데스 벤츠 박물관, 유대인 박물관과 스페인의 구겐하임 미술관, 모나코 해양박물관, 핀란드의 키아스마 현대 미술관 등은 산업 사회 이후 자본주의 문화를 그대로 보여주고 있다. 창작품은 물론 전시 소장을 위한 박물관이나 미술관 자체도 지역 사회나 자연환경과 연관되어 있긴 하지만, 당시의 권력자인 왕이나 후원자의 영향을 더 많이 받았기에 현대처럼 표현의 자유를 누리지는 못했을 듯하다. 그럼에도 작품의 정교함이나 규모 면에서 놀랍다는 생각이 들고, 일찍이 인간이 이루어 낸 창작 예술이 신비로울 만큼 인간의 대단한 능력에 감동했다.

최은주 서울시립미술관장은 일찍이 중국 화풍 영향을 받은 겸재 정선의 진경산수화부터 휴버트 보스가 조선 반도에서 그린 최초의 유화인 고종황제 초상화는 우리나라 근대 미술 역사를 알려주었고, 김은호 화백의 순종 초상화는 예술이 권력자의 욕구를 채우는 도구로 사용되었다는 사실을 설명했다. 조선 시대 마지막 화원이었던 안중식, 조석진의 그림과 우리나라 최초의 미술관을 세운 고희동으로부터 사회주의 조각가인 김복진의 작품 이야기까지 근대 미술 역사를 새롭게 알게 되었다. 특히 대구 작가인 이쾌대 이야기는 흥미롭고 자부심을 느끼게 했다. 1950년 이후는 저항 정신이 담긴 민중미술로 발전되었고 근래에 코비드 나인 등 자신에게 집중하는 작가가 생기고, AI 작품이나 그래픽 등 디지털 작품을 창작하는 미디어 작가가 태어나는 그것으로 보아 예술가는 시대에 맞는 표현법을 찾아낸다는 사실을 감명 깊게 들었다.

여든 가까운 노령에도 멀리 인천에서 오신 조광호 신부님은 스테인드글라스 미술의 대가인 화가이자 조형예술 학자인 줄은 알았지만, 수필을 쓰고 시를 쓰는 문인이라는 사실은 새롭게 알게 되었다. "예술은 종교와 과학, 철학과 연관되어 있고 사물에 대한 심미적 경험의 표상으로써 근원적 실재 의미를 '상상력을 통하여' 사물의 현존을 재수용하는 경험 하나의 사물 안에 그 사물과 다른 또 하나의 사물을 보는 그것이 예술이며, 인간의 인식 속에 주어진 사물의 외연의 확장과 내재적 심층화"라고 했다. "초월적 내재, 내재적 초월로 인간 내면에 내재하시는 하느님을 미적 직관으로 깨닫고 선함과 아름다움, 숭고함을 발견하고 체험할 수 있게 하는 예술적, 미적 깨침이 곧 영적 깨침이 된다."라는 말로 성사화聖事化를 강조하였다. 보이는 게 전부가 아니고 들리는 게 전부가 아니며 겸손해야 한다고 했다.

이번 강의를 통해 예술은 유한한 것에서 영원을 발견하는 자신만의 유연성이 있어야 하고 지혜서 말씀처럼 내가 모른다는 사실을 인정하고 바르게 알기 위해 노력하고 현재의 자리에서 내가 주인공이 되도록 끊임없이 노력해야 한다는 진리를 배웠다.

\* 참고 문헌 : 조수정 교수 최은주 관장 조광호 신부 강의 자료

제 7 부

사회 문화

# 문화와 평화

대구가톨릭대학교 신난희 교수의 '문화와 평화'라는 강좌를 들었다. 신 교수는 다문화 가정과 함께 북한 이탈 주민과 관련하여 많은 연구와 강의를 하고 있다. 연구 사례를 소개하는 강의에서 피해자들이 정신적, 육체적으로 당하는 힘든 사연을 들으니 측은지심 같은 연민이 생긴다.

▨ 수강 후기 - 디아스포라와 연민

문화와 평화라는 말이 오늘날처럼 절실하게 들릴 때가 있었을까 하는 생각이 들 만큼 현실은 전쟁으로 인한 살상과 폭력이 난무하고 있다. 이처럼 어지럽고 암울한 세태를 반영하듯 문화와 평화라는 언어가 지구촌의 화두가 된 지도 한참 되었다.

신 교수는 평범한 사람이 가지는 연민의 본질과 그로 인해 생겨나는 긍정적 효과를 설명한다. 선택받은 민족이라는 유대인의 디아스포라, 1·2차 세계대전, 그리고 우리의 6·25전쟁을 사례로 들어 원인과 그로 인해 빚어진 참상을 상기시킨다. 전쟁은 문화의 산물이라 한다. "전쟁이 인간의 머릿속에서 시작되었듯이 평화도 우리의 머릿속에서 시작된다. 전쟁을 일으키는 능력이 있으면 평화를 이룰 수도 있다. 그 책임은 우리 각자에게 달려있다." 이 말은 1986.11.16 제25차 유네스코 총회에서 '폭력에 관한 세비야 선언'으로 채택된 말이다. 이어서 1989년 코트디부아르의 유네스코 국제회의에서 '평화 문화 Culture of Peace'라는 말이 처음으로 제안되었다고 한다.

매일 수백 명의 사상자가 생기고 있는 우크라이나 전쟁은 70여 년 전에 우리가 겪은 6·25전쟁을 떠올리게 한다. 전쟁은 엄청난 인명과 재산 피해는 물론이고 살아남은 사람에게도 말로 표현할 수 없을 만큼 지독한 고통과 굶주림을 안겼다. 그 후유증으로 분단의 상처는 아물기보다는 커지고 있고, 좌우 이념 대립에 의한 정쟁은 극에 달한 게 현실이다.

처절했던 6·25의 상흔을 안고 있기에 우크라이나 전쟁으로 인한 사상자와 피난길에 나선 가족의 고통을 생각하면 연민의 정을 떠올리게 된다. 전쟁은 타의에 의해 헤어지고 단절되는 비극을 낳는다. 유대인의 비극이 '디아스포라'라는 말을 만들어냈다. 현재 진행형인 팔레스타인 사태와 지구촌의 수많은 전쟁 난민에게 연민을 가지게 되는 건 한 시대를 살아가는 같은 인간이기 때문이다.

신 교수는 비폭력과 연민을 학문적으로 연구한 세계 석학들의 주장을 소개한다. 마셜 B. 로젠버그 박사가 비폭력 대화 여정을 시작하게 된 두 질문이다.

"나는 연민으로 주고받는 것에서 기쁨을 느끼는 것이 우리 본성이라고 믿기 때문에 다음 두 질문을 늘 마음에 품어왔다. 첫째 우리는 무엇 때문에 본성인 연민에서 멀어져 서로를 공격하고 폭력을 행사할까? 둘째 이와 달리 어떤 사람들은 견디기 힘든 고통 가운데서도 어떻게 연민의 마음을 유지할 수 있을까?"

미국의 심리학자 스티븐 헤이즈Steven C Hayes 교수는 자기개발서 ACTAcceptance and Commitment Therapy에서 심리적 고통은 불쾌한 생각과 감정을 통제하거나 피하려는 투쟁으로 인해 발생한다고 하면서, 우리가 이러한 감정에서 맞서 싸우기보다는 받아들여야 한다. 감정의 책임은 나에게 있다. 평화의 언어를 배우고 가장 고통받는 분야를 최우선으로 해야 한다고 했다.

강의 후반에 영상으로 보여주는 탈북 주민인 '은결'의 사연과 〈언젠가 다시 만나지리라〉라는 노래가 가슴을 먹먹하게 한다. 이어서 들려주는 Maggie의 노래가 평화로운 삶에 대한 추억과 단절에 대한 감정의 심연을 건너게 하면서 반전을 가져다준다. 강의는 끝났지만, 알 수 없는 죄책감과 아쉬움의 여운을 남긴 채, 헤어짐과 그리움을 간직한 노래 제목이 몇 해 전 대구미술관에서 작품 전시회가 있었던 수화 김환기 화백의 그림을 떠올리게 한다. 그때도 학예사로부터 수화의 생애와 창작 일화를 듣고 오늘 같은 묘한 감정을 느꼈다. 한 작가의 연민이 상상할 수 없는 위대한 작품을 남겼다는 사실을 이제야 알 것 같다.

프랑스에서 작품 활동하다 뉴욕으로 건너왔으나 말년에 가난 때문에 이빨을 빼고도 치료받지 못해서 음식을 씹지 못했다는 사실이 아내 김향안이 1973년 여름에 쓴 일기에 적혀있다. 천재 화가는 이듬해인 1974년 61세로 짧은 인생을 마감한 채 이국땅 뉴욕 웨스트 체스터 카운티에 있는 공원 묘역에 묻혔다. 가난하고 외로운 노년을 보내면서 오로지 그림 그리기에만 몰두하던 중, 친구인 김광섭 시인의 「저녁에」라는 시를 떠올리며 하늘의 별을 하나하나 점으로 그렸다. 그 작품의 제목이 〈어디서 무엇이 되어 다시 만나랴〉다. 그 그림 속에는 슬픔과 그리움, 친구의 죽음에 대한 연민이 담겨있어 작가의 진지함이 느껴진다.

인간 본성이 지닌 연민이 평화의 씨앗이 되고 때로는 위대한 창작품을 만들어낸다는 사실을 배운 하루다. 창조주신 하느님, 저를 불쌍히 여기소서!

\* 참고문헌 : 신난희 교수의 강의 자료

## 세계의 시민성

대구가톨릭대학교 이성진 교수가 인권과 관련하여 사회적으로 이슈화된 사건을 중심으로 법률과 대법원 판례의 올바른 의미와 내용을 영화 속의 사례를 통해 강의했다. 강의교재인 저서 『영화 속 인권과 법률』에는 인권과 법률에 관한 주제별로 영화 28편을 싣고 있다. 영화의 줄거리를 소개하고, 영화에서 다루고 있는 주제와 관련된 인권과 법률의 내용을 현행법 규정과 헌법재판소 결정 및 대법원 판례와 국가인권위원회 결정 등을 해설하는 형식으로 강의했다.

▨ 수강 후기 - 분묘 기지권

20여 년 전에 텃밭을 할 생각으로 집 가까운 산기슭에 있는 작은 밭을 샀다. 말이 밭이지 오랫동안 농사를 짓지 않고 방치해서 아까시나무가 사람 키보다 크게 자라 숲을 이루고 있는 버려진 땅이나 다름없었다. 값이 인근 토지에 비해 싼 맛에 사기는 했는데 싼 게 비지떡이라는 속담의 뜻을 제대로 맛보게 되었다. 막상 사놓고 보니 밭 만들 엄두가 나지 않아서 직장 생활하는 동안은 그냥 내버려두었다.

　IMF 환란이라는 미증유의 사태를 맞아 다니던 은행이 하루아침에 사라지고 직원들은 실직자가 되는 청천벽력을 만났다. 어제까지 평온하게 출근했던 은행 본점에 방패로 무장한 전투 경찰이 건물을 에워싸고 출입을 막는 바람에 순식간에 거리의 미아 신세가 되었다.

　1년도 넘도록 충격에서 깨어나지 못하고 생사의 갈림길에서 헤매던 중 스콧 니어링과 헬렌 니어링 부부가 지은 『조화로운 삶』이라는 책이 길을 찾게 해주었다. 육체적 노동을 통해서 의도적으로 몸을 피곤하게 함으로써 잠을 잘 수 있었다. 괭이와 톱을 들고 아까시나무 숲에 들어가 한두 그루씩 나무를 베기 시작할 때만 해도 밭을 일구고 매실나무를 심는다는 작은 희망이 싹텄다. 나무를 베어내고 뿌리를 캐는 일은 생각보다 힘들어서 하루에 몇 그루도 처리하지 못할 만큼 작업 진도는 더디게 진행되었다.

　희망은 며칠 안 되어 실망으로 변했다. 아까시나무를 베어내고 토지 가운데로 들어가는 순간 보지 말아야 할 것을 보았다. 묘지가 하나도 아니고 세 기나 나타나는 순간 온몸에 힘이 빠져 그냥 주저앉았다. 그날 이후로 자신이 저지른 신중하지 못한 처신의 결과로 이어진 묘지 주인과의 갈등은 20년 넘게 이어졌다. '분묘 기지권'을 인정하고 묘지 부분만큼 밭으로 사용하지 못하는 그것은 그다지 대단한 일이 아니었다. 묘지 관련 후손들이 벌초 때나 성묘를 다녀 가면서 출입에 지장이 되는 매실나무를 잘라버리거나 농작물을 훼손하는 경우가 잦

아도 뾰족한 방법이 없어서 속앓이만 했다. 땅을 팔려고 해도 살 사람이 없어 참고 견디는 길밖에 없다는 생각으로 대책 없는 세월을 보내던 중에 인권과 법률강의에서 들은 대법원 판례에 관해 알게 되었다.

2021년 4월에 대법원 전원 합의체가 선고한 대법원 판례에 의하면 '분묘 기지권' 시효를 취득했더라도 묘지 주인은 토지 사용료를 부담해야 한다는 것이다. 새로운 판례가 나왔다지만, 크게 기대는 하지 않았다. 소송이라는 다툼이 일반인에게 얼마나 어렵고 오래 걸리는 법적 다툼인지 알기에 생각조차 하기 싫기 때문이었다. 정상적인 상식을 가진 사람이라면 남의 땅에 조상의 묘를 둔 그것을 미안해할 법도 한데 묘지 주인이 워낙 사납고 별나서 연락처나 거주지 주소를 알기도 어려웠다. 법무사인 친구에게 상담했더니 우선 토지 사용료 청구하겠다는 통지문이라도 만들어서 묘지 입구에 걸어놓으라고 해서 벌초 시기에 맞추어 통지문을 만들어서 묘지 입구 나뭇가지에 매달아 놓았다.

추석을 한 주 앞둔 어느 날, 묘지 주인으로부터 전화가 걸려 왔다. 종전과는 확연하게 달라진 부드러운 목소리로 내년 봄 윤달에 이장하겠으니 그때까지만 기다려 달라는 내용이었다. 전혀 기대하지 않았는데 횡재를 한 기분이었다. 봄이 오고 윤이월이 되자 매일 밭에 나가서 이장 흔적을 확인했으나 중순이 지나도 소식이 없어 조바심이 났다. 윤이월도 며칠 남지 않은 하순 끝자락 어느 날 아침, 드디어 묘지가 감쪽같이 사라진 모습을 보고 꿈을 꾸는가 싶었다.

어쩌면 사소한 일이라고 할 수도 있지만, 스스로 저지른 부주의 때문이긴 해도 실직이라는 상처를 덧나게 한 피해 의식에 빠져 오랜 시간을 참고 견딘 입장에서는 손톱 밑의 가시를 빼낸 의미 있는 선물이었다. 비록 짧은 시간에 한 법률 공부로 얻은 보람과 정신적 소득 말고도 앎을 위한 노력이 얼마나 소중한가를 깨닫게 해준 또 다른 선물이었다.

\* 참고문헌 :『영화 속 인권과 법률』이성진, 책과 세계 2023, 강의 자료

## 땅과 경제 정의

　전강수 교수의 '땅과 경제' 강의는 성경의 레위기 25장 안식년, 희년 말씀과 19세기 미국의 토지 사상가인 헨리 조지의 저서인 『진보와 빈곤』의 내용을 근거로 이루어졌다. 유시민 작가와 함께한 유튜브 방송 '알릴레오'에서 나눈 토지 공개념에 관한 이야기가 헨리 조지의 사상에서 비롯되었다는 점을 알게 했다. 두 분과 함께 경북대학교 이정우 교수가 헨리 조지의 토지 공개념 이론을 신봉한 대표적인 학자라는 사실을 알고 나니 진보파의 토지 정책을 알 듯했다.

　▧ 수강 후기 - 성경의 희년과 헨리 조지의 사상
　땅의 경제학 뿌리는 성서에 있다는 말씀으로부터 시작하여 영국 신학자 톰 라이트의 『우상 시대 교회의 사명』을 소개하면서 율법 정신은 정의와 자비와 겸손의 실천이라고 했다. 이어진 희년의 경제 원리에 대해 들을 때까지만 해도 강의 내용에 선뜻 다가가지 못했다. 구약의 희년 법에 대한 설명을 들을 때는 성경 공부를 하는 줄 알았다. 레위기에 나오는 희년 법의 정신과 원칙, 희년 정신 실현을 위한 제도적 장치, 이스라엘 토지 제도를 들으면서 성경의 정의와 평등을 위한 토지 분배 원칙을 이해하게 되었다. 오늘날 화두로 떠오른 "환경은 후손들로부터 빌려 쓰는 것이다."라는 말은 토지는 내 것이 아니라 다음 번 희년까지만 사용할 권리를 갖는다는 희년 법의 정신과 일치한다는 사실을 깨닫게 되었다.

희년의 경제 원리 강의는 헨리 조지 경제사상을 이해하는 데 큰 도움이 되었다. 헨리 조지의 경제사상이 정의와 자비의 실천에 있고, 근본적인 방안은 토지 정의의 실천에 있다는 사실을 알게 되었다. 헨리 조지가 가난뱅이 노동자이면서도 독서광이 될 정도로 독학하여 언론인, 사회학자, 경제학자, 정치인으로 다양한 분야에서 정의를 위해 자비와 평등을 실천한 점은 높이 평가되어야 한다. 마셜에 도전하고 마르크스와 공방을 벌인 사실, 버나드 쇼, 시드니 웹, 톨스토이, 중국의 쑨원 등에게 깊은 영향을 미칠 정도로 한때는 조지스트의 세력이 마르크스주의자의 세력보다 컸다는 새로운 사실을 알게 되었다. 경제사상을 설명하기 위해 헨리 조지의 생애와 톨스토이 등 유명 인물과의 관계, 저술 활동을 통한 업적, 헨리 조지 사상의 적용 사례를 보면서 조지스트가 된 우리나라 경제학자들을 이해하게 되었다.

지금까지는 유시민 작가의 '알릴레오' 방송을 보지 않았는데 이번에 보게 된 유시민 작가와 나눈 희년의 경제 원리 강의는 헨리 조지 경제사상 공부에 큰 도움이 되었다. 헨리 조지의 경제사상이 정의와 자비의 실천에 있고, 근본적인 방안은 토지 정의의 실천에 있다는 사실을 알게 되었다. 헨리 조지 경제사상을 우리나라에 소개하고 그의 사상인 토지 정의를 현실 정치에 도입한 과정을 흥미롭게 배웠다. 십여 년 주기로 이어지는 세계 경제의 위기 발생, 빈부 격차의 심화 현상이 불공정한 토지 정책에 있다는 사실에 공감하면서 토지 공개념 강화가 필요하다고 생각한다.

유시민 작가와 전 교수의 대담 형식 방송은 헨리 조지의 토지를 중심으로 경제 정의를 실천하는 경제사상을 일목 요연하게 공부할 수 있게 해주었다. 정의와 자비를 실천한 헨리 조지의 『진보와 빈곤』이라는 저서 내용을 짧은 시간에 조금이나마 이해하게 되었고, '기독교 경제학회'를 결성해서 헨리 조지의 경제사상이 우리나라에 알려지고 뿌리를 내리게 한 전 교수의 업적도 알게 되었다. 전 경북대학교 이정우 교수가 노무현 정부 때 청와대 정책 실장으로 가게 된 사연과 토지 조세의 근간인 종부세가 정책에 도입된 과정을 듣고 지금까지의 선입견이 많이 해소되었다. 인간의 고통에 대한 헨리 조지의 연민이 "정의는 하느님 나라의 질서이고 정의 구현은 교회의 가장 중요한 책무"라는 그리스도교 사상과 일치하기에 성자라는 칭호를 들었다는 말은 그의 인간 사랑의 진심을 느끼게 한다.

토지 공개념 도입이 분배 정의를 이룩하고 빈곤을 퇴치하는 길이라는 이론에 공감하더라도 문제가 없는 건 아니다. 학자들이 주장하는 공산주의 이론이나 사회주의가 이론 그 자체는 좋아도 누가 어떻게 실천하느냐는 또 다른 문제다. 공산주의나 사회주의 국가의 발전이 늦고 일부 권력층만이 모든 혜택을 누리는 부의 편중이 자본주의 국가보다 심한 현실을 직시하면서 자신들 진영만 챙기는 일부 진보 정치인들의 편 가르기 행위는 경제 정의 실천과는 거리가 있다는 생각을 지울 수 없다.

 * 참고문헌 :『진보와 빈곤』헨리 조지, 옮긴이 전강수, 경북대학교 출판부 2018 전강수 교수 강의 자료

# 포스트모던 시대의 윤리

　대구가톨릭대학교 총장을 역임한 김정우 신부는 포스트모던 시대의 윤리와 지금 우리의 현주소에 대해 강의했다. 포스트모더니즘을 이해함으로써 현대사회에서 발생하고 있는 문제에 대한 안목과 지평을 넓혀가는 것에 중점을 두었다. 유럽의 그리스도교 수도회에서 시작하여 대학의 역사가 되고 오늘날 옥스퍼드 케임브리지가 시작되었다. 코로나19가 팬데믹을 야기하고 우크라이나전과 지능 정보전이 시작된 4차 산업혁명은 신냉전 시대로 치닫고 있다. 비대면 문화의 확산은 대면 문화에 익숙한 기성종교에 큰 영향을 줘서 교회의 현상적 수치는 감소하고 불투명한 미래가 도래하고 있다.
　우리가 살고 있는 이 시대를 역사학자들은 포스트모던 시대라고 한다.

▨ 수강 후기 - 우리는 과연 포스트모던 시대를 살고 있는가?

근래에 포스트모더니즘이라는 말이 많이 회자하고 있어서 그 말의 형성 과정과 의미를 알아보고 우리는 과연 포스트모던 시대를 살고 있는지 자문해 본다. 포스트모더니즘을 이해하기 위해서는 우선 포스트모더니즘의 형성 과정을 살펴볼 필요가 있다.

포스트모더니즘은 1960년대 후반부터 일기 시작하여 최근에는 전 세계적으로 거의 모든 분야에서 그 의식의 전환을 해오고 있는 서구 사회의 새로운 지성적 관점이라 하겠다. 동시에 현대 세계관에 대한 반작용으로, 현대성의 모순과 부작용에 대응하기 위해 시작되었다고 할 수 있다. 포스트모더니즘은 현대주의의 논리적 발전이자 계승이며, 포스트모더니즘이란 용어는 오늘날, 문학, 예술, 건축, 사회이론, 철학뿐만 아니라 매스컴 등 다양한 분야에서도 사용되고 있지만, 이 용어는 하나의 현상이 아닌, 여러 현상을 나타내기 때문에 통일된 정의를 내리기 힘들다. 따라서 합리적으로 설명할 수 없거나 모순되고 혼란스러운 현상을 포스트모던으로 이해하는 예도 있다.

포스트모더니즘은 그 실체가 완전히 드러난 것이 아니라 아직도 형성 과정에 있으며 어떤 단일한 운동이나 경향이 아니라 20세기 중엽부터 나타나기 시작한 여러 현상에 대한 포괄적인 명칭이라고 할 수 있기에 하나의 포스트모더니즘이 아닌 여러 형태의 포스트모더니즘이 존재한다고 할 수 있다.

포스트모더니즘의 언어적인 뜻은 후 근대後 近代 또는 후 현대後 現代를 가리키는 표현이다. 이 용어를 더욱 명시적으로 제시한 사람은 1950년대 초 역사학자 아놀드 토인비Arnold Toynbee이다. 그는 자기의 저서 『역사 연구A study of History』 후반에서 우리 시대를 사회적 불안, 세계 전쟁, 혁명의 시대 그리고 포스트모던 시대로 명명하게 된 데서 비롯되었다.

서구 정신문화의 역사는 세 단계로 구분하기도 하는바, 첫 번째로 전근대를 살펴보면 전 근대前 近代는 고대, 중세, 종교개혁 시대를 포함하며, 우주론과 형이상학이 사상의 중심을 형성했던 시기로 그리스의 사변적 우주론과 그리스도교의 신학적 우주론이 결합하여 세계를 하나의 유기체로 간주했다. 천상과 지상의 영역을 분리하는 형이상학적 이원론과 인식론 등으로 신적 계시가 진리의 최종 척도지만, 이성은 계시를 통해 주어진 진리를 이해하는 시대였다.

두 번째로 근대는 르네상스를 바탕으로 계몽 시대에서 시작되었다. 먼저 인간을 역사의 주인공으로, 이성을 진리의 척도로 간주하는 현대 정신의 길을 열었다. 다음으로 기계적이며 이원론적 세계관으로 대체되었다. -천동설이 코페르니쿠스의 지동설과 뉴턴의 기계적 자연관으로 대체- 끝으로 진보와 발전에 대한 신념이 과학과 기술의 발달로 삶의 질을 향상하는 낙관주의 확산 → 평화적 분위기, 급속한 산업화, 민주적 정치 구조, 역사 진행에 대한 진화론적 해석, 과학에 대한 신뢰 등으로부터 유래되었다. 세 번째는 후 근대 후 현대인데, 현대성에 대한 비판은 19세기 니체로부터 시작되었다.《자라투스트라는 이렇게 말했다》의 출판은 현대성의 종말과 아울러 포스트모더니즘의 잉태 계기가 되었다. 니체의 비판은 계몽 시대의 진리 개념을 거부한 데 그 토대를 두었다. 현대 세계를 지탱 중인 자족성, 이성, 진보와 낙관주의, 네 기둥이 붕괴하였다. 1, 2차 세계 대전, 유대인 대량 학살이 유럽에서 발발한 그것은 큰 충격을 주었고 그리스도 문명 안에서 대충돌을 일으켰다. 사르트르의 '실존주의'와 함께 서구 정신의 몰락을 초래하게 되었다. 미국 학자들은 포스트모더니즘을 모더니즘으로부터의 이탈과 단절 또는 그것에 대한 비판적 반작용으로 이해하였다. 이 경우 포스트모더니즘은 탈 모더니즘으로 번역되고 반 근대가 아니다.

다음으로 포스트모더니즘의 의미를 살펴보면 첫 번째로 포스트모더니즘은 현대의 이성주의와 보편주의 형이상학 전통에 대한 반성과 반작용이며, 현대적 이성과 합리주의에 대한 근본적 비판임과 동시에 진리를 합리적 영역으로 제한하거나 인간 지성을 진리의 전결 자로 간주하는 것을 거부하는 것이다.

두 번째는 포스트모더니즘은 세계를 보는 새로운 관점이다. 역사에서 과학적, 이성적 합리성을 모든 지식의 규범으로 설정하면서 이성과 과학의 범주가 미치지 못하는 신의 계시와 전통적 교리와 교회의 권위를 허물어뜨린 데카르트적 합리주의에 입각한 현대주의의 우상을 붕괴시킨다. 따라서 세계를 하나의 완성된 피조물로 보지 않고, 끊임없이 진화하며, 지속해 창조되는 것으로, 인간은 이 창조적 과정의 산물인 동시에 참여자이며 모든 존재는 상대적이며 참여적인 것으로 간주한다. 따라서 스스로 존재하는 그것은 없으며 존재물은 서로 관계를 맺는다.

세 번째로 포스트모더니즘은 통합 주의적이다. 현대의 세계관은 이원론적이다. 인간은 물질적 또는 객관적 세계에서 분리된다. 반면 포스트모더니즘은 현대 정신이 분리한 그것을 재결합하며, 인식하는 인간 주체와 인식되는 객관적 세계 사이의 존재론적 연속성을 재확인한다. 따라서 신과 인간, 인간과 자연, 합리성과 비합리성, 과학과 주술을 이성과 감성, 정신과 육체, 천사와 악마, 과거와 미래 등을 대립적 관계로 파악하지 않고, 하나의 사유 형태로 파악하지 않으며 포용하고 통합하려고 한다.

네 번째는 포스트모더니즘은 염세주의와 상대주의적 경향을 지니고 있다. 포스트모더니즘은 이성의 자율성, 과학의 능력, 역사의 진보를 신뢰하는 현대의 낙관주의를 염세주의로 대체한다. 지식은 선하며, 인간은 세계의 큰 문제를 해결할 수가 있을 것이라는 낙관적 사고를 신뢰하지 않고 인간의 유한성과 한계를 인정한다.

이상에서 살펴본 바와 같이 포스트모더니즘은 20세기 후반의 시대정신이자 새로운 세계관을 뜻한다. 그리스도교 세계관과 포스트모더니즘은 공통적 요소를 지니고 있다. 포스트모더니즘의 계몽주의 인식론에 대한 비판과 마찬가지로 그리스도교 역시 합리적, 과학적 방법이 진리의 유일한 척도인 것을 부정한다. 진보와 도덕적 완전, 기술 발전에 대한 회의도 공유하는 부분이다. 따라서 포스트모더니즘의 도래는 그리스도교에 큰 위기이자 동시에 기회가 된다. 포스트모더니즘은 새로운 의식으로 그리스도교 진리를 재진술하며 복음을 증명할 기회와 성경 계시의 의미에 대한 새로운 통찰을 제공한다. 따라서 그리스도교 정신은 포스트모더니즘을 비판적으로 수용할 수 있는 여지가 있다.

포스트모더니즘의 현 실태를 보면 포스트모더니즘은 그리스도교에 새로운 도전이다. 그것은 현대주의와 다른 근거에서 그리스도교 신앙에 어긋나거나 그리스도교 신앙을 위협할 수 있는 요소들을 다분히 지니고 있으며 이러한 요소들은 서구사회뿐만 아니라 우리 사회 안에서도 이미 발생한 문제이거나 발생하고 있는 문제이기 때문이다.

그 문제들을 보면 첫째, 포스트모더니즘의 철저한 상대주의적 입장과 다원주의적 입장은 객관적, 보편적 진리를 부정하고 그리스도교 교리를 손상한다. 다원주의는 그리스도교를 여러 다른 신앙 가운데 하나로 취급하며 그리스도교의 배타적 교리의 포기를 요구하기 때문이다. 종교 다원주의는 역사적 상대주의, 종교 간의 대화, 인간 행동 등 세 가지를 전제하고 있다. → '강생'(육화) 교리 비판. 둘째, 포스트모더니즘의 무중심주의는 실재의 통일된 중심이 있으며, 그 중심이 예수그리스도라고 믿는 그리스도교 신앙과 충돌한다. 서구사회의 뉴에이지New age 운동과 일본의 정신세계 운동, 한국의 기氣 수련 운동 등이 대표적 사례. 셋째, 포스트모더니즘은 세계관의 필수 요소인 하느님, 자아, 목적, 의미의 제거를 통해 현대 세계관을 파괴하고, 신과 도덕성의 죽음 및 진리의 소멸을 가정하고 자연중심주의를 주장한다.

이처럼 포스트모더니즘은 조화와 합일을 강조하며 현대 정신이 분리한 것을 재결합하며, 인식하는 인간 주체와 인식되는 객관적 세계

사이의 존재론적 연속성을 재확인하며, 포스트모던 의식의 중심 요소는 전체에 관한 관심, 인격적이며 우주적 통합에 관한 관심이다. 이러한 포스트모더니즘의 여파는 계몽주의에서부터 시작된 교회와 신앙에 대한 도전이며 오늘날 교회가 심각하게 고민하는 신앙의 위기를 낳고 있다. 우리의 이러한 위기 원인은 유교문화에서 비롯된 전통과 권위와의 결별, 현세를 중시하는 생활관, 기존하는 규범에 대한 비판, 개인 중심적 사고의 심화가 세속화를 불러왔다. 물질 만능주의와 소비적인 인간, 도덕성의 실추나 퇴폐적인 오락문화가 만연하고 생산력이 모든 그것을 평가함으로써 빈부 격차가 심화하였고, 결국 윤리의 위기를 초래했다.

그렇다면 '어떻게 살 것인가?'라는 문제인데 그리스도교 철학에서는 인간에게 행복은 '최고선最高善'을 말하며, 인간 스스로 획득해야 하고 진리를 명상하는 그것이 최고선이고 진리 중의 진리는 바로 하느님이라는 결론에 이르게 된다. 인간 삶의 의미는 신으로부터 부여받는 것이므로 종교Religio 및 윤리의 회복이 시급한 과제로 남는다.

\* 참고문헌 : 『포스트시대의 그리스도교 윤리』, 김정우, 위즈엔 비즈 2008, 강의 자료

# 대인 관계 심리학

　대구가톨릭대학교 황은모 사도 요한 신부가 '대인 관계 심리학'에 대해 강의하고 성한기 총장께서 행복에 대한 심리학을 강의했다. 황은모 사도 요한 신부는 상담 심리학과 사회 심리학을 전공하여 상담사 자격증을 소지할 만큼 대인 관계 심리학의 권위자다. 성한기 대구가톨릭대학교 총장은 심리학 박사로 대구가톨릭대학교에서 처음으로 평교수에서 총장에 오른 유능한 분으로 매우 온화하고 자상한 강의를 했다. 성한기 총장의 '행복론' 강의는 일찍이 그리스 철학자 아리스토텔레스가 "행복이란 모든 행위가 추구하는 목적이다."라고 정의한 행복의 정의를 떠올리게 한다.

　사람은 태어나면서부터 관계가 시작되고 그 관계가 어떠했느냐에 따라 성공과 실패, 행복과 불행이 결정된다는 사실은 알았지만, 어떻게 해야 좋은 관계를 맺을 수 있는지는 깊이 생각해 보지 못했다. 많은 세월을 살았는데도 '관계'와 '대상'을 제대로 정립하지 못해서 오해하거나 오해를 받는 등으로 마음에 상처를 입고 고생했던 사례가 많았다. 또 방어 기제를 적절히 사용하지 못해 본의 아니게 상대에게 상처를 주거나 상처받은 일이 기억에 선하다.

▧ 수강 후기 - 대인 관계의 중요성과 사랑 실천

이번 강의를 계기로 좀 더 일찍 심리학의 중요성을 깨달았더라면 인생이 바뀔 수도 있었을 거라는 아쉬움을 절실하게 느꼈다. '대인 관계 심리학'을 배우기 전에는 심리학은 어렵고 일상생활과는 그다지 밀접하지 않은, 학문의 한 분야일 뿐이라는 잘못된 선입견에 빠져있었음을 부끄럽게 생각한다.

인간관계의 중요성에 대해 수업 도입부에서 '어린 왕자' 이야기와 미군의 실험 사례를 통해 사회적 존재로서의 인간을 설명하고 타인과의 관계 및 접촉은 삶의 본질적이고 근본 요소라는 점을 강조하였다. 관계에 대한 갈망에도 불구하고 경쟁과 다원화, 디지털 문화에 빠진 복잡한 사회가 초래한 현대인의 외로움에 대해 생각할 거리를 안겼다.

다양한 인간관계에서 여러 종류로 인간관계의 분류를 설명하고, 호혜적이고 공유적인 인간관계를 맺어야 한다는 점을 강조했다. 사회적 지지자 역할을 해주는 '의미 있는 타인'이 있다면 개인의 삶의 질에 매우 큰 긍정적 영향을 끼친다는 사실도 강조했다.

부적응적 인간관계는 부적응을 판단하는 기준과 부적응적 인간관계의 유형과 다양한 성격 장애에 대해 체계적으로 알려주었다. 근래 정치권에 회자한 소시오패스와 사이코패스에 대해 정확하게 알게 되었고, 나 자신은 어떤 부적응적 관계 양상을 가졌는가 반성하는 계기가 되었다. 대상관계 이론은 신선한 충격을 안겨 주었다. 이미 1900년대 초기에 정신분석학에 뿌리를 둔 정신 역동 심리치료의 이론적 모델로 멜라니 클라인 등 여러 학자에 의해 이론적 체계가 마련되었다는 사실이 놀랍다. '대상'과 '관계'가 하나의 체계적 이론으로 정립되어 인간 심리의 오묘함과 나의 '대상' 관념은 어떠했는지 다시 생각하게 했다. 대인 신념에는 2가지 요소인 자기에 대한 평가와 타인에 대한 평가에서 나는 자신과 상대에 대해 어떤 평가를 하며 어떠한 유형인지 생각해 보았는가 하는 반성을 하게 되었다. 대인 관계와 비합리적 신념에는 알버트 앨리스가 만든 '합리적 정서 행동 치료REBT'에 대해 배운 것을 참고하여 나와 타인에 대해 합리적으로 평가했는지 반성하고 합리적 신념을 가지도록 노력해야겠다고 다짐했다.

일곱 번째 대인 관계와 심리적 기제는 자신을 보호하기 위해 사용하는 심리적 전략이나 생존법으로 방어 기제라 한다고도 했다. 다양한 방어 기제를 사용함에는 상황에 맞는 심리 기제를 적절하게 사용하는 노력이 필요하다고 했다.

개선 방법으로는 대화 기회 포착하기, 자기 공개하기, 경청과 반응, 효과적 의사소통하기, 감정 표현, 갈등 해결하기 등으로 협상에 대해 세부적인 방법을 배우게 되어 일상의 대인 관계에 많은 도움이 되었다. 고립과 외로움의 사회는 사회적 고립으로 인해 정신적 사회적 불구를 초래하고 망상, 분노, 절망으로 인한 범죄자들이 '외로운 늑대'가

되어가는 문제점을 지적했다. 영국의 동화 학자인 마이클 본드는 "누군가를 배척하는 것은 잠재적 범죄의 선동자 행위"라 했고 미국의 저명한 심리학자인 윌리엄 제임스도 "사회의 모든 구성원이 그 사람을 전혀 알아봐 주지 않는 상태로 지내는 것만큼 사악한 처벌은 고안할 수 없다."라고 했듯이 관계가 단절된 고립과 외로움은 범죄와 연결된다고 했다.

원로 정신과 의사인 이시형 박사는 행복의 조건으로 건강과 일상생활에 부족하지 않은 경제적 여유, 그리고 원만한 대인 관계를 꼽았다. 좀 더 일찍이 대인 관계 심리학에 관심을 가졌더라면 가정에서나 직장에서 좋은 관계를 맺고 훨씬 행복했을 수 있었을 거라는 아쉬움이 더해진다.

대인 관계 심리학을 공부하다 보니 심리학에는 이론 심리학과 응용 심리학이 있고 거기에서 다시 여러 분류로 나뉘어져 다양한 분야에서 현대생활과 연관되어 있음을 알게 되었다. 성한기 총장의 '행복 : 소소하지만 확실한' 특강은 행복이 작은 일에서 비롯된다는 사실을 흥미롭게 풀어낸 유익한 강의였다. '행복으로 가는 길'에서 알려준 열 가지 팁Tip도 결국 황 교수의 '대인 관계 심리학'의 내용과 다르지 않다고 생각한다. 다만, 그 길을 가는 동안에도 좋은 인간관계가 전제되어야 하기에 신앙생활을 통한 사랑의 실천이 중요하다고 생각한다. 인간관계의 기준을 어떻게 정할 거냐는 질문에 나는 웃으며 져주고 손해를 받아들이고 감사하는 마음으로 대하겠다고 했다. 그렇게 정한 까닭은 젊은 시절에 지지 않고 손해 보지 않기 위해 투쟁하고 바동

거린 삶에 대한 반성이지만, 실천이 잘되지 않는다. 알면서 양보하는 것은 패배와 좌절이 아닌 노년의 행복과 평온한 삶을 지키기 위한 마음의 여유라고 생각한다.

\* 참고문헌 : 성한기 총장, 황은모 신부 강의 자료

# 인문과 사회

대구가톨릭대학교 유혜숙 교수는 인간이 사회생활에서 지켜야 할 인간의 도리와 규범을 생명, 생태, 성, 가정, 사회의 영역에서 고찰하면서 인간의 존엄성, 생명의 존엄성, 지성과 이성을 갖춘 전인적인 인간 양성에 지향을 두고 강의했다. 도덕적이고 참된 삶을 실천하는 인간으로서 지켜야 할 윤리 중 생태 윤리를 강조했다.

▧ 수강 후기 - 생태계 보전을 위해 내가 구체적으로 실천하고 있거나 실천하고 싶은 것은 무엇인가?

봄소식과 함께 들려온 사과와 대파 파동은 서민 생활에 주름살을 깊게 하고 정국의 판도까지 바꾸었다. 사람들은 물가를 잡지 못하는 정부를 탓하지만, 고물가의 고통이 자신들이 저지른 대량소비와 낭비에서 비롯된 지구 파괴의 대가라는 사실을 모르는 듯하다. 이런 때에 '인간과 윤리'에 대해 배우게 된 그것은 시의적절하고 특히 생태 윤리는 아무리 강조해도 지나치지 않을 만큼 절실한 과제라고 생각한다.

생태 또는 생태계의 의미를 배우고, 생태계의 위기 실태, 생태계 파괴 원인, 생태계 위기에 대한 각성, 생태계 문제해결 방안에 대하여 학습하면서 나는 지금까지 살면서 지켜온 삶의 방식에 긍지를 가지게 되었다. 나의 일상이 '생태계 문제해결 방안' 중 개인이 실천할 수 있는 '지속 가능한 소비 생활'을 거의 따르고 있다는 생각이 들어서다. 모든 게 부족하던 가난한 시절을 살았던 때문인지 절약이 몸에 배어있어서 평소 습관대로 실천해 온 내용을 적는다.

1. 에너지 절약

산업 사회 이후 대량 생산이 이루어지고 대량소비가 미덕이 되었던 시절이 있었다. 그런 풍요 속에 기근으로 고통받는 지구촌 이웃이 있다는 사실을 배웠다. 모든 자원이 부족한 우리나라는 자원 절약이 필수 사항이다. 첫째로 전기 사용을 줄이기 위해 냉난방기 사용을 억제하고 난방 온도를 낮게 유지하고 실내에서도 옷으로 보온한다. 둘째로 종이컵 사용을 줄이기 위해 노력한다. 외출 때는 개인 컵을 지니고, 여행 때도 텀블러를 준비한다. 요즘은 고속도로 휴게소 등에서 텀블러가 있으면 할인 혜택을 받기도 한다. 셋째로 물 절약 노력이다. 농막에 수도 시설이 되어있어도 텃밭을 가꾸거나 나무에 물 줄 때는 빗물을 이용한다. 우리 텃밭에는 빗물 탱크를 설치해서 연중 물 부족이 없다. 넷째 B.M.W 운동 실천이다. 버스와 지하철을 이용하고 가까운 거리 걷기를 B.M.W 운동이라고 하여 한때 시니어들에게 유행한 적이 있다. 에너지 절약도 되고 탄소 배출도 줄여서 건강에 도움되기 때문에 꾸준히 실천한다. 거기에 더해 엘리베이터나 에스컬레이터 이용보다는 계단 이용을 즐긴다.

2. 농약 사용 자제

나는 작은 농원을 가꾸어 최소한 자가소비 채소를 해결하고 이웃에 나누기도 한다. 제초제 사용은 처음부터 하지 않았고, 농약 사용도 최소로 줄인다. 화학 비료 대신 퇴비를 만들어서 사용한다. 음식물 쓰레기는 배출하지 않고 쌀뜨물로 발효시켜 퇴비로 사용하고 쓰레기 분리배출을 지킨다.

3. 가공식품과 탄산음료 섭취 자제

탄산음료와 가공식품은 화학물질과 인공 조미료가 많이 함유되어 있다고 생각하여 어릴 적부터 잘 먹지 않은 그것이 습관이 되었다. 대신 전통 식품이나 천연 발효 식품, 손수 재배한 채소 등을 섭취한다. 이런 식습관은 성인병 예방으로 병원비를 안 들게 한다. 다행히 아내도 공감하기에 어릴 적 어머니의 밥상 거의 그대로다. 나이가 많은데도 아직은 건강식품이나 약을 먹지 않고 지낼 수 있는 데 감사하고 있다. 이런 생활 습관은 어릴 적에 배운 에너지 절약 교육과, 자연과 더불어 사는 어른들의 생활 방식에서 저절로 체득한 것인데 생태 위기를 겪으면서 새롭게 부각된 해결 방안이 된 듯하다.

프란치스코 교황님 회칙 『찬미 받으소서』에 모든 문제와 답이 있다고 생각한다. 수업을 마치면서 들려준 1854년에 썼다는 스쿼미시 인디언 추장 시애틀Chief Seattle 편지의 "우리는 땅의 한 부분이고 땅은 우리의 한 부분이다."라는 이야기에 깊은 연민을 느꼈다. "땅을 아주 팔지는 못한다. 땅은 나의 것이다. 너희는 내 곁에 머무르는 이방인이고 거류민일 따름이다."(레위기 25장 23.24)라는 성경 말씀을 떠올린다.

\* 참고문헌 : 『찬미 받으소서』 프란치스코 교황 성하의 회칙, 한국천주교 중앙협의회 2015, 유혜숙 교수 강의 자료

## 사회 교리

　박용욱 미카엘 신부의 사회 교리 강의는 다섯 차례에 걸쳐 진행되었다. 첫째 날은 사회 교리의 개요를 설명하고 자신이 편역한 헬렌 리 Helen Rhee 목사의 「현대사회의 부와 가난 문제에 대한 그리스도교의 응답」이라는 유인물 교재 내용을 강의했다. 교재만 해도 분량이 많은데 김두식 교수(경북대 법대 객원 교수)가 지은 『욕망해도 괜찮아』라는 책도 읽으라고 했다. 둘째 주와 셋째 주는 사회 교리에 대한 본격적인 이론을 강의했는데 축약한 유인물 교재만도 분량이 많아서 강의 시간이 턱없이 부족했고, 네 번째 주에는 '그리스도교 사회 교리 문헌의 역사적 배경과 사회 교리의 원리들'을 배웠다. 마지막 주에 '모든 형제들 따라 읽기'를 학습했다. 짧은 시간 강의에 준비된 유인물 자료만 해도 그 내용을 제대로 공부하려면 많은 책을 읽어야겠다는 생각이 든다. 거기 보태어 추천한 참고 문헌까지 읽으려면 여러 가지 책을 더 사봐야 한다. 『사회 교리 101문 101답』, 프란치스코 교황님의 회칙인 『모든 형제들』 등 몇 권 책을 사서 읽어 보니 이 한 주제만도 제대로 공부하려면 많은 시간이 필요하겠다는 생각에 앞이 캄캄해진다.

▧ 수강 후기 - '모든 형제들 따라 읽기' 중 제5장 더 좋은 정치

정치의 저급화와 두 진영 간의 충돌

오늘날 우리 정치는 과거 한때 예비군 군복만 입으면 추태를 부리고 저열한 언행을 부끄러워하지 않던 모습을 상기하게 할 만큼 품위가 떨어졌다. "보고 싶은 것만 보고 듣고 싶은 그것만 들으며 믿고 싶은 대로 믿는" 현상이 두드러졌고, 검증되지 않은 인터넷 매체나 편향적인 주장에 이끌려 상대방을 무시하고 공격하는 일이 늘어났다. 이런 현상은 신앙인들도 예외가 아니다. 자신이 속한다고 생각하는 진영 외의 다른 의견이나 입장은 듣지 않고 무시하는 진영 논리가 팽배했다.

이런 현실을 교황님은 심각하게 지적하신다. "사회적 우애를 실천하는 민족과 국가를 기초로 형제애를 실천하는 세계 공동체의 발전을 위하여 참으로 공동선에 이바지하는 더 좋은 정치가 필요하다. 안타깝게도 오늘날 정치는 흔히 다른 세상을 향한 진전을 가로막는 형태를 취하고 있다."(모든 형제들 154항)

민주주의 사회에서는 진보와 보수, 분배와 성장을 두고 논쟁이 일어날 수 있지만, 자기 진영의 논리만 옳고 상대의 주장은 틀렸다는 흑

백 논리가 기승을 부려 사생결단의 대결을 펼치는 것이 문제다. 더 심각한 점은 자기 진영을 위해 거짓과 무책임한 선동으로 대중을 속인다는 사실이다. 프란치스코 교황께서도 문제의 심각성을 적시하였다. "오늘날 이편 아니면 저편으로, 곧 편파적인 비난이나 극찬으로 양분하지 않고서는 어떠한 주제에 대하여 견해를 밝히는 그것이 불가능해졌다."(모든 형제들156항)

### 대중 영합주의와 자유주의 문제점

교황님은 대중 영합주의를 "자신의 목적을 위하여 선동적으로 힘없는 이들을 착취하는"(모든 형제들155항)것으로 규정한다. 그리스도인들이 관심을 가져야 하는 것은 폐쇄적인 이념의 민중이 아니라 구체적인 현실 속에 살아가는 약한 이들의 삶이다. 자유주의는 대중 영합주의의 반대편에 있는 또 다른 극단이다. 정치, 경제, 사회윤리 같은 사회적 맥락에서 자유주의는 개인이 사회에서 우선하고, 사회는 개인들의 총합으로 본다. 이는 곧 '시장의 자유'인데, 개인의 희생을 통해 지켜야 할 공동체적 가치를 소홀히 하여 빈부 격차를 초래하고 평등을 실천하기 어렵게 하는 문제점이 있다. 따라서 대중 영합주의든 자유주의든 간에 제도만으로는 불평등의 문제를 근본적으로 해결할 수 없다. "모든 것은 마음과 태도와 생활 방식을 바꿀 필요를 깨닫는 우리의 능력에 달려있다. 탐욕은 자신과 자신의 단체, 자신의 사소한 이익들에만 관심을 기울이는 인간의 성향이다."(모든 형제들 166항) 어떠한 정치적 이념이나 제도도 인간 자체의 회개와 변화 없이는 한계가 있음을 알아야 한다.

### 더 좋은 정치를 향한 노력

회칙은 인간의 나약함을 하느님의 도우심으로 극복할 수 있음을 믿고 '마음과 태도와 생활 방식'(166항)을 바꾸자고 호소한다. 더 좋은 정치를 위한 두 번째 요소는 사랑이라고 했다. 여기서 교황님은 앞서 반포된 회칙 '복음의 기쁨'(205항)에서 참된 정치가 무엇인지 한 번 더 강조해서 말씀하신다. 정치는 "공동선을 추구하는 것이므로 매우 숭고한 소명이고 사랑의 가장 고결한 형태"이다. 교리에서 영감을 받은 모든 노력은 사랑에서 나온다. "서로를 돌보는 작은 몸짓으로 넘치는 사랑은 또한 사회적 정치적 사랑이 되며 더 나은 세상을 건설하고자 하는 모든 행동으로 드러난다는 사실을 깨닫는 것이다. 그렇기에 사랑은 친밀하고 가까운 관계에서뿐만 아니라 사회, 경제, 정치 차원의 거시적 관계에서도 드러난다."(181항) 그래서 우리가 더 좋은 정치로 나아가기 위해서 먼저 우리 각자의 정치관과 태도를 돌아봐야 하겠다.

프란치스코 교황님의 회칙 '모든 형제들'의 제5장 더 좋은 정치에 적시된 메시지는 오늘날 우리 시대에 만연되고 있는 정치 불신에 대한 경고이자 매우 적절한 해법이라 생각한다. 어느 시대나 민주사회라면 다양한 주장이 있고 생각이 다를 수 있다고 생각한다. 다만, 나의 주장이 중요하면 상대의 의견도 존중되어야 공동선을 도출할 수 있음은 모두가 알고 있는 이치다. 그럼에도 현실은 절망스러울 만큼 분열과 대립이 심각한 실정이다. 보수와 진보, 성장과 분배라는 거창한 주의 주장을 마치 대중을 위하는 그것으로 속이는 바람에 정치가 불신을 받고 품격이 떨어져 혐오의 대상이 되고 있다. 다수의 정치인이 개인의 사리사욕이나 자신이 속한 집단의 이익을 위해, 상대를 제거하거나 멸망시키기 위해 거짓 선동과 수단 방법을 가리지 않는 악행을 저지르고 있어 개탄스럽다.

진영을 떠나 범죄를 저지른 범법자가 거짓 선동과 자신이 속한 진영의 도움으로 오히려 상대에게 나쁜 프레임을 씌워 제거하고 처벌 대신 권좌에 오르는 전대미문의 만행이 저질러지고 있다. 그 결과 약자인 민중이 피해를 보게 되고 삶이 어려워지는 바람에 분열과 범죄를 불러오고 심지의 전쟁이 일어나 수많은 사람이 귀중한 목숨을 잃고 있어 안타까울 뿐이다.

그리스도인은 하느님의 말씀을 듣고 사랑을 실천하는 곳에 앞장서야 함에도 선거를 앞두고 성당 안에서 불신과 대립이 생겨 마음이 편하지 않았다. 레지오마리에 단원 중에 편향적인 지식 때문에 잘못 판단한 개인이 자신의 이념이나 주장을 강요하는 바람에 공동체가 깨어지는 사례를 보았다. 교황님께서 앞서 반포된 회칙 '복음의 기쁨'(205항)에서 참된 정치가 무엇인지 언급했던 구절을 한 번 더 강조하신 말씀을 상기한다. 정치는 "공동선을 추구하는 것이므로 매우 숭고한 소명이고 사랑의 가장 고결한 형태"다. 교리에서 영감을 받은 모든 노력은 사랑에서 나온다.

프란치스코 교황님은 노동의 가치를 높게 평가하셨고 공정한 분배를 통해 모두가 더불어 사는 사회를 만들어 가기 위한 애덕愛德의 정치가 실현되어야 한다는 메시를 전한다. 따라서 나부터 이웃 사랑하는 일부터 실천하는 노력이 필요하다고 생각한다.

\* 참고문헌 :『모든 형제들』프란치스코 교황 성하의 회칙, 한국천주교 중앙협의회 2021, 박용욱 신부 강의 교재

# 통합 생태론

천주교 주교회의 사무국장인 송영민 아우구스티노 신부가 생태 위기에 대한 응답으로 환경을 넘어 인간, 사회, 자연 생태 모두를 포괄하는 '통합 생태론'을 강의했다. 신우주론의 바탕 위에서 생태적 세계관을 발전시키고 지구 공동체와 인간관계를 재정립하는 데 역점을 두었다.

▨ 수강 후기 - 통합 생태론의 필요성

지난해 고구마를 심어 수확을 앞두고 기대에 부풀어 있던 어느 날 아침, 무성한 순지르기를 위해 텃밭에 갔더니 고구마밭이 엉망진창이 되어있었다. 멧돼지란 놈 짓이 분명하다. 수확의 꿈은 차치하고 밭을 덮고 있는 순을 걷어 내느라 진땀을 뺐다. 올해는 지난해를 교훈 삼아 고구마 농사는 포기하고 고추를 심었다. 예년보다 긴 장마가 그치고 풋고추 조금 따려고 밭에 가보니 탄저병이 와서 잘 자라던 고추가 짓물러지고 잎도 누렇게 변해서 건질 게 하나도 없다.

허탈한 마음을 안고 집으로 돌아와 곰곰이 생각해 봤다. 수강 중인 '통합 생태론'이 떠올랐다. 멧돼지가 내려와 고구마를 먹어 치운 것과 고추 농사를 병충해로 망친 그것이 별개 문제가 아니다. 지구 온난화가 가져온 생태환경의 복합적 파괴가 그 원인이라는 생각이다. 인간이 산짐승의 생태환경을 파괴하는 바람에 먹을거리를 찾아 위험을 무릅쓰고 인간 세계로 내려오게 되고, 농약을 과잉 소비한 후유증이 병해충의 내성을 키우고 있다. 과거 생태 문제에 대한 단편적 접근이 문제를 키웠기에 '통합 생태론'이라는 담론이 힘을 받게 되었다. 필립스 카타리, 토마스 베리, 교황 프란치스코 같은 현자가 통합 생태론을 본격적으로 주장하기 시작했다. 통합 생태론은 관심에서부터 시작된다고 했다. 김춘수 시인의 「꽃」이라는 시가 '관심'이 가지는 의미를 알려준다. 나 자신이 세상의 주인이라고 생각하는 인본주의에서 "지구는 우리 공동의 집"이라는 자연 중심, 나는 자연의 먼지 같은 존재라는 사실을 받아들이고 지구촌 보존에 함께 노력해야 할 필요성이 대두되었다.

생태 위기의 현실

생태 위기는 전쟁보다는 알코올, 약물중독처럼 부지불식간에 다가온다. 바야흐로 New Normal 시대가 온 것이다. 심슨 가족 이야기는 미래가 다가올수록 올해가 가장 시원했던 한 해로 기록될 것이라 했다. 대기오염은 마음껏 숨 쉬는 것이 소원이라는 말을 남겼고, 대량 생산과 대량소비에 따른 버리는 문화가 우리 고장의 치부를 드러낸 의성군의 쓰레기 산을 만들었다. 기후변화라는 말 대신 기후 위기라는 말이 생기고, 지구 온난화 대신 지구 가열이라는 말이 설득력이 있다. 거기에 더해 6대 온실가스 피해가 보태어져 빙하가 감소하여 해수면이 상승하고 있으며, 폭우를 동반한 슈퍼 태풍과 가뭄으로 인한 물 부족은 막대한 산불 피해를 일으켜 인류의 생존을 위협하고 있다. 에드워드 윌슨1929~2021은 "기후변화라는 격노해 날뛰는 악마는 우리가 너무나 오랫동안 방치해둔 우리 자신의 아이다."라는 말로 내 탓을 강조했다.

### 새로운 우주론과 생태적 세계관의 필요성

교황 요한 바오로 2세는 "신앙과 이성은 인간 정신이 진리를 바라보려고 날아오르는 두 날개와 같다."라고 했다. 토마스 베리Thomas Berry는 과학과 종교에 통합적으로 접근했고, 떼이야르 드 샤르뎅 Teilhard de Chardin은 우주론적 사상을 통해서 세계를 보며 통합 생태론에 대한 기초를 다졌다. 138억 년 전에 빅뱅이 시작된 이래 250만 년 전에 인간이 지구상에 나타나고, 3,500년 전에 비로소 고대문명이 시작되었다. 50년 전에 우주로부터 지구를 보게 되었다. 창백한 푸른 점이 지구라면 우리는 별이 남긴 먼지에 불과할 뿐이다. 구우주론이 인간 중심적 세계관이었다면 신우주론은 생태적 세계관이다. 새로운 우주론은 유기적이고 전체적이며 상호 연관성을 강조하는 생태적 세계관의 기반을 마련하였다. 생태적 세계관은 우주를 우리 집으로 보고 그 안에 존재하는 모든 구성원과의 관계 속에서 세상을 이해하는 데서 시작된다. 이러한 세계관에 비추어 인간의 위치와 역할을 성찰하고 재발견하는 작업, 그것이 통합 생태론이 추구하는 일이라고 했다. 이러한 유기적 관계를 설명하고 체험하는 기회는 매우 유익했다. 수강생 모두가 둘러앉아 자신의 역할을 하는 실험과 높게 쌓은 나무 토막 중에서 하나라도 빠지면 전체가 무너지는 실습 체험을 통해 세상 모두가 서로 연결되어 있음을 체험하는 좋은 기회가 되었다.

**통합 생태론의 인식적 측면**

프란치스코 교황께서 발표하신 회칙을 한국천주교주교회의에서 『찬미 받으소서』라는 책으로 펴내었고 환경 문제의 교본이 되었다. "우리는 자연의 일부이며 자연에 속하므로 자연과 끊임없이 서로 작용합니다."라는 교황님 말씀처럼 만물은 서로 연결되어 있음을 알아야 한다. 지구는 우리 공동의 집이므로 코로나19 사태처럼 이웃이 건강하지 않으면 내 건강을 지킬 수 없듯이 건강하지 않은 지구에서 인간만 존립하기 어렵다는 사실을 인식해야 한다. 아프리카 아이들의 Ubuntu 이야기와 최재천 교수의 Homo Sapiens에서 Homo Symbious로, 즉 공생인으로 거듭나는 인식의 전환이 필요하다.

**통합 생태론의 정서적 측면**

생태 미학적 측면은 아름다움에 관심과 사랑의 필요성을 강조하는 방법을 과제로 내 주신 '내가 찾은 아름다움' 사진 올리기는 직접 자연의 아름다움을 느끼고 관심을 가지게 하는 계기를 만들어 준 특별한 강의 방식이어서 뜻깊게 느꼈다. 깊이 보기는 미적으로 본다는 것이고, 경이로움을 발견하고 내적 가치를 존중하는 인식이 필요하다고 했다. 가톨릭교회는 '관상'적인 삶을 살 것을 주문했다. Judy Cannato는 실제를 사랑스러운 눈으로 보는 것이라 했고, 이현주 시인의 「대답해 보아라」와 이생진 시인의 「벌레 먹은 나뭇잎」, 거기에 김남주 시인의 「옛 마을을 지나며」라는 시는 내적 가치와 경이로움을 느끼게 해주는 메시지를 전한다.

통합 생태론의 행동적 측면

창세기의 천지창조는 사실의 기록이 아니라 진실의 기록이라고 했다. 교황 요한 바오로 2세는 진화론은 "하나의 가설 이상의 것"이라 했고 베네딕도 16세 교황은 "우주 발전에 대한 설명에 있어서 과학은 전혀 충돌하지 않는다."라고 했다. 또한 프란치스코 교황은 "빅뱅 이론과 진화론이 가톨릭의 창조론과 배치되지 않는다."라고 했다.

ㅇ 국제적 노력 : 기후변화에 관한 정부 간 협의체(IPCC)가 결성되었고 2015년 '파리 협정'으로 기후변화 대응을 위한 전 지구적 합의안(195개국)이 채택되어 1.5℃ 이내로 지구 온도 상승을 방지하기 위해 전 지구적으로 탄소 중립을 권고했다.

ㅇ 지역적 노력 : 국가 간의 문제뿐만 아니라 가난한 나라 내부에도 부의 편중이 심하므로 차등적 책임이 필요하다. 일례로 아마존 밀림 보존을 위해서는 세계적인 관심과 노력이 필요하다.

○ 개인적 노력 : 생태 위기는 과잉에서 비롯되었다. 덧셈과 곱셈에 익숙했던 생활 형태에서 뺄셈과 나눗셈으로 의식 전환이 필요하다. 죽은 거북의 몸에서 플라스틱이 나오고, 종이컵 과잉 사용으로 아마존 밀림이 사라져가고 있다. 한 사람이 소비를 10% 줄이면 30년 된 소나무가 1년간 산소 배출하는 그것과 같은 효과가 있다고 한다.

결론

인간의 이익만을 위해 지구환경을 파괴한 대가가 재앙으로 되돌아오고 있다. 팬데믹과 500여 종이 넘는 생물 감소는 인류의 존립을 위협하고 있다. 프란치스코 교황께서는 '우리 공동의 집인 지구 살리기'를 위해 새로운 생활 양식으로 바꾸는 생태교육을 꾸준히 이어가고, "자연 세계에 저지른 죄는 우리 자신과 하느님을 거슬러 저지른 죄"라는 관점에서 '생태적 회개'가 필요하다고 했다. 교황께서는 기쁨과 고뇌가 담긴 긴 성찰을 통해 두 가지 기도 바치기를 제안했다. "우리 지구를 위한 기도"와 "그리스도인들이 피조물과 함께 드리는 기도"가 그것이다. 최재천 교수의 "한 명 한 인간 '호모사피엔스'에서 공생하는 인간 '호모 심비우스'로 이기심과 욕망을 버리고 지구의 생명체들과 손을 잡아야 살아남는다."라는 말에 공감한다.

\* 참고문헌 : 송영민 신부 강의 자료, 『찬미 받으소서』 프란치스코 교황 성하의 회칙, 한국천주교중앙협의회 2015, 《생태적 전환, 슬기로운 지구 생활을 위하여》 최재천 글 김영사 2023

▩ 수강 후기 - 노스트라다무스의 예언

프랑스의 점성가 노스트라다무스1503~1566가 450여 년 전, 2023년에 기상 이변이 악화하여 기후 위기가 심화하고 2024년이 가장 더운 한 해가 될 거라고 한 예언이 현실이 되고 있다. 기상 이변에 따른 최근의 홍수와 가뭄, 산불 같은 대형 재해는 생명체의 존립을 위협할 만큼 극심하지만, 피해 당사자가 아니면 강 건너 불구경하듯 한다.

과거 생태 문제에 대한 단편적 접근이 문제를 키웠기에 근년 들어 '통합 생태론'이라는 담론이 힘을 받게 되었다. 토마스 베리1914~2009 신부와 프란치스코 교황께서 '통합 생태론'을 본격적으로 제기했다. 나 자신이 세상의 주인이라고 생각하는 인본주의에서 "지구는 우리 공동의 집"이라는 자연 중심, 나는 자연의 먼지 같은 존재라는 사실을 받아들이고 지구촌 보존에 함께 노력해야 할 필요성을 역설한다.

생태 위기는 알코올이나 약물 중독처럼 부지불식간에 다가온다. '심슨 가족 이야기'에서는 미래가 다가올수록 올해가 가장 시원했던 한 해로 기록될 것이라 했다. 대기오염은 마음껏 숨 쉬는 그것이 소원이라는 말을 남겼고, 대량 생산과 대량소비에 따른 버리는 문화가 우리 고장의 치부를 드러낸 의성군의 쓰레기 산을 만들었다. 기후변화라는 말 대신 기후 위기라는 말이 생기고, 지구 온난화 대신 지구 가열이라는 말이 설득력을 얻고 있다.

138억 년 전 빅뱅이 시작된 이래 250만 년 전에 인간이 지구상에 나타나고, 3,500년 전에 비로소 고대문명이 시작되었다고 한다. 50년 전에는 우주로부터 지구를 보게 되었다. 창백한 푸른 점이 지구라면 우리는 별이 남긴 먼지에 불과할 뿐이다. 구우주론이 인간 중심적 세계관이었다면 신우주론은 생태적 세계관이다. 새로운 우주론은 유기적이고 전체적이며 상호 연관성을 강조하는 생태적 세계관의 기반을 마련하였다. 생태적 세계관은 우주를 우리 집으로 보고 그 안에 존재하는 모든 구성원과의 관계 속에서 세상을 이해하는 데서 시작된다. 이러한 세계관에 비추어 인간의 위치와 역할을 성찰하고 재발견하는 작업, 그것이 '통합 생태론'이 추구하는 일이라고 했다.

프란치스코 교황께서 발표한 회칙을 한국천주교주교회의에서 『찬미 받으소서』라는 책으로 펴내었고 환경 문제의 교본이 되고 있다. "우리는 자연의 일부이며 자연에 속하므로 자연과 끊임없이 상호작용을 합니다."라는 교황님의 말씀이 만물은 서로 연결되어 있으므로 인간만이 홀로 생존할 수 없다는 사실을 상기하게 한다. 인간의 이익을 위해 지구환경을 파괴한 대가가 재앙으로 되돌아오고 있다. 팬데믹과 500여 종이 넘는 생물 감소는 인류의 존립을 위협하고 있음을 알리는 신호다. 프란치스코 교황께서는 '우리 공동의 집인 지구 살리기'를 위해 새로운 생활 양식으로 바꾸는 생태교육을 꾸준히 이어가고, "자연 세계에 저지른 죄는 우리 자신과 하느님을 거슬러 저지른 죄"라는 관점에서 '생태적 회개'가 필요하다고 했다. 선진 여러 나라에서는 자연 사랑을 실천하고 있는 여러 사례가 있다. 대표적인 사례가 독일의 '작은 정원Klein gar ten'이라는 것이다. 300㎡ 내외의 토지를 인근 거주 시민에게 임대 해주고 채소나 꽃을 가꾸면서 자연과 함께 할 수 있도록 해주는 도시 농업의 한 형태다. 독일 전국에 1.5만 개

단지에 130만 개의 작은 정원이 있다고 한다. 우리 고장에도 구청이나 개인이 한해씩 빌려주는 작은 면적 농지에 주말농장이라는 형태로 텃밭이 운영되고 있으나 아직은 제도적 뒷받침이 부족한 실정이다.

올해는 무더위가 습기를 품은 데다 찬 이슬이 내린다는 백로를 지나도록 길게 이어지는 탓에 배추와 무 씨앗을 파종해도 싹이 나지 않고, 모종을 심어도 고온에 녹아 버린다. 죽은 모종 보식을 위해 모종 상회에 갔더니 벌써 네 번째 왔다는 손님도 있었다. 나도 세 번째 새로 산 모종을 심고 다음 날 해거름에 물을 주러 가보니 어제 심은 모종은 물론 먼저 심은 모종도 어린 잎사귀가 누렇게 변해 있다. 고온과 가뭄, 농사 기술 부족이 빚어낸 결과다. 아내의 한숨이 탄식으로 변한다. "사과 파동, 대파 파동 겪고 나니 김치 파동 오겠네요!"

추석이 코앞에 다가왔지만, 무더위는 강도를 더해가고 있다. 오라는 비는 게릴라전을 펼치며 찔끔거리고 더위는 독기 같은 습기를 잔뜩 머금고 있어 견디기가 더 어렵다. 지구 온도 상승이 기후 재앙 마지노선을 넘었다는 뉴스와 함께 지구촌 곳곳에서 기후 이변이 몰고 온 재앙으로 울부짖는 소리가 점점 커지고 있어도 사람들은 눈앞의 이익에 몰두하고 있다. 지구 종말 시계가 자정에 가까워졌다는 발표는 생존이 인간의 한계를 넘어 창조주의 영역에 들었음을 뜻하는지도 모른다. 노스트라 다무스의 예언과 미래에 대한 공포가 『찬미 받으소서』의 첫 장에 실려 있는 800여 년 전의 아시시의 프란치스코 성인의 찬가를 다시 음미하게 한다.

"저의 주님, 찬미 받으소서. 누이이며 어머니인 대지로 찬미 받으소서. 저희를 돌보며 지켜 주는 대지는 온갖 과일과 색색의 꽃과 풀들을 자라게 하나이다."

제 8 부

사색의 뜰

# 전통의 향기 도동서원

하늘이 높아지고 소슬바람이 불어오는 탓인지 혼자 집에 있으려니 원인 모를 결핍을 느낀다. 일찍이 '파스칼'은 "모든 불행의 근원은 한 가지이다. 곧 인간에게는 조용히 혼자서 자신의 방에 머무를 수 있는 능력이 없다는 것이다."라고 했다. 파스칼의 말을 교훈 삼아 오늘은 옛 선비를 만나러 도동서원道東書院을 찾았다.

도동서원에 도착하니 은행나무가 먼저 가지를 내려 반겨준다. 스스로 소학동자小學童子로 낮추고 평생 소학小學 공부에 독신篤信했던 한훤당寒暄堂 김굉필金宏弼, 1454~1504 선생 나무다. 글공부를 위해 찾아온 유생에게 은행나무는 낮추는 법부터 배우라고 가르친다.

수월루水月樓를 거쳐 환주문喚主門에 이르는 계단은 좁다. 돌계단이 좁아서 한 사람씩만 다녔다고 한다. 학문의 계단은 외롭고 느리다는 생각하면서 걸음을 옮기니 유생에게 강학하던 중정당中正堂에 이른다. 동방 오현東方 五賢 중 으뜸의 표시로 강당 기둥에 둘린 백분 완장이 직선거리에 낮은 자세로 서 있는 은행나무와 조화를 이루어 본시 높고 낮음이 하나임을 알린다. 계단을 오르던 광주교육대학생 서너 명이 문화유산 해설사의 강의에 토끼 귀를 한 채 강론에 열중하고 있다. 해설사는 도동서원이 유일한 북향 서원이라는 사실을 유난히 강조한다. 전라도의 인촌 김성수仁村 金性洙 고택이 북향이라는 사실을 슬쩍 갖다 붙이는 해설사의 기지에 남도의 예비 교사들이 친밀감을 느끼는 눈치다. 서원 자리가 학이 비상하는 형국이라는 풍수지리 이야기는 반 천년 세월을 이겨낸 고 서원古 書院의 신비를 더한다. 건물 짓는 중에 무너지기를 거듭하는 바람에 목수가 큰 어려움에 부닥쳤다고 한다. 건축을 맡은 사람들이 낙담하고 있던 어느 날, 목수는 꿈속에서 흰옷 입은 노인을 만났다. 꿈속의 노인은 유생의 숙소를 먼저 짓고 담장을 지은 다음 강당을 지으라고 일러주고 홀연히 떠났다고 한다. 꿈대로 해서 서당 건축을 무사히 마칠 수 있었다는 이야기는 한훤당 선생이 씨를 뿌리고 퇴계 선생이 꽃을 피운 성리학의 가르침을 실천에 옮기라는 계시가 아니었던가 하는 생각을 해 본다.

  글공부하러 왔다는 말을 듣고 서원 관리인이 과분한 배려를 해준다. 향사享祀 때가 아니면 좀체 열지 않는 사당 문을 열어 위패가 모셔진 사당祠堂 안 모습을 볼 수 있게 해준 것이다. 사당 안 오른쪽과 왼쪽 벽에 그려 놓은 두 개의 그림이 신비롭다. 눈 쌓인 노송 가지에 달이 걸려 있는 그림과 강나루에 나룻배 한 척 띄워놓고 달빛 감상하는 나그네 그림이다. 사당에 두 개의 벽화가 온전하게 보존되어 있음은 예사로운 일이 아니다. 숱한 세월이 지났건만 낙랑 장송은 독야청청 푸른빛을 더해가고 달빛은 교교한데, 가지 위에 쌓인 흰 눈은 녹지 않고 그대로 남아 있다. 달밤에 서원 앞 강나루에 나룻배를 띄우고 달빛을 즐기며 생각에 잠겨 있는 나그네의 모습에서는 여유와 멋의 풍류가 느껴진다. 달빛에 취해 찰랑거리는 강물이 구슬 같은 시어를 흥얼대는 듯하다. 한 세대 먼저 살다 간 어느 시조 시인의 시조 한 구절이 그림 속에 떠올라 운치를 더한다.

    낙동강 빈 나루에 달빛이 푸릅니다.
    무엔지 그리운 밤 지향 없이 가고파서
    흐르는 금빛 노을에 배를 맡겨 봅니다.
    -중략-

사당을 나와 아래쪽을 향하니 개진 나루가 눈에 들어온다. 강은 고속도로처럼 곧아졌고, 콘크리트 강둑 아래 모래 무더기가 상실의 무덤처럼 느껴진다. 본시 굽은 강은 부드러움과 서두르지 않는 한민족 멋의 상징이건만, 흐르지 않고 갇혀있는 강물이 가슴을 답답하게 한다. 무엇 때문에 그리도 바쁜지 강변도로에는 속도전이 벌어지고 있다. 하루하루를 쫓기는 듯 살아가는 현대인에게 여유와 풍류라는 말은 전설이 된듯해 아쉬움만 커진다.

달라진 강을 보면서 전통과 변화의 충돌을 느낀다. 사람들은 풍요와 편함을 위해 끊임없이 노력했고 많은 성과도 이루었다. 하지만 발전을 거듭할수록 허기는 더해지고 삶은 고단해져, 지난날을 그리워하는 사람이 늘어만 가는 건 무슨 조화란 말인가. 오래됨은 낡은 것이 아니라 글이라는 옷을 입으면 전통문화라는 높은 가치로 다시 태어난다는 생각하면서 다람재를 넘어 유가사로 향했다.

  중천의 해가 서편으로 기우니 시장기가 느껴지고 발걸음이 무거워진다. 육신의 허기는 밥으로 해결되지만, 글은 사람에게만 주어진 특전임에도 글로 인해 정신의 허기는 더 짙어진다. 다행히 오늘은 옛 선비가 남겨준 전통의 향기를 듬뿍 받아 가니 마음은 여유롭고 하루해는 짧다.

## 이 또한 지나가리라

아내가 입원한 지 오늘로 일주일이 지났다. 추석 성묘차 고향 집에 가서 대청마루에 오르다 문고리 잡은 손이 빠져서 봉당 바닥에 나뒹굴었다. 어깨뼈가 바스러지고 머리도 다쳤다. 가까운 병원에서 응급처치를 받은 후에 곧바로 큰 병원에 입원시켰다. 의사는 두 달 정도의 입원 치료가 필요하다는 진단을 내렸다.

집과 병원을 오가며 가게를 지키는 일상이 예상보다 힘들었다. 당장 끼니가 문제였다. 며칠 동안은 밥만 지어서 냉장고에 있는 반찬으로 해결되었다. 반찬이 동나자, 라면으로 몇 끼를 때우고 나니 속이 느끼하고 불편해서 먹다가 말았다. 날씨가 선선해졌다. 아침저녁으로 한기가 느껴져서 긴소매 옷을 입어야겠다는 생각으로 옷장을 뒤져도 찾는 옷이 보이지 않았다. 온 집안을 뒤져도 입을 만한 옷이 나오지 않아서 입던 옷을 그대로 걸칠 수밖에 없었다. 속옷은 물론 마른 수건과 양말도 떨어졌다. 세탁기에 들어갈 옷가지만 수북이 쌓였다.

세탁기를 작동시켜 보려 했지만, 뜻대로 잘 안되었다. 내가 생각해도 참 한심하다는 생각이 들었다.

　가게에 나와도 불편한 건 여전하다. 상품의 종류가 많아서 가격표를 붙여놓은 것 외는 물건값을 모른다. 손님이 와도 불안하고 오지 않아도 편하지 않다. 그래도 가게는 지켜야 하니 새장에 갇힌 새와 다를 바 없다. 매주 화요일 가는 글공부 모임에도 갈 수가 없다. 얼마 전에 씨앗을 뿌려 놓은 겨울나기 봄배추와 쑥갓 등에 물을 주러 갈 수도 없고, 다음 주말에 가는 성당의 성지 순례 행사에도 빠져야 할 듯하다. 소식 뜸하던 친구가 저녁 한 끼 하자는 연락을 하필 이때 할 게 뭐람. 나만 무인도에 갇힌 기분이다. 속이 답답하여 밖에 나가니 옆집 현관에 달아놓은 새장의 새가 오늘따라 유난히 시끄럽게 울어댄다. 평소 무심하게 듣던 조롱 속의 새소리가 간절한 울음으로 들리는 건 동병상련의 정인지 모른다. 가게 앞 공원의 숲에서 자유롭게 지저귀며 노니는 새들의 모습이 예사롭게 보이지 않는다. 세끼를 거르지 않고, 철 따라 옷을 갈아입는 일은 평생 해온 일상이다. 하고 싶은 일을 하면서 가고 싶은 곳에 갈 수 있고 보고 싶은 사람을 만나 먹고 싶은 음식을 먹을 수 있다는 평범한 일상이 결코 평범한 일이 아니었다.

　'여보! 그동안 내가 당신한테 너무 무심했소.'

　온갖 번뇌와 후회로 밤새워 뒤척이다 늦게 잠이 들었다. 새우잠을 자고 새벽에 일찍 잠이 깨도 손에 잡히는 일이 없다. 책을 펼쳐도 흥미가 없고 텔레비전을 켜도 쏟아지는 뉴스가 진부하게 느껴졌다. 컴퓨터를 켜서 글 숙제라도 해보려고 애를 쓸수록 글자판이 한 알 한 알

분심分心이 되어 튀어 올랐다. 아무 일도 하지 못하고 날이 밝기를 기다리는 동안 마음이 흔들리는 소리가 환청처럼 머리를 어지럽게 했다. 바람 없는 흔들림을 두고 외로움이라고 하는 까닭을 알 듯했다. 동네 목욕탕 문 열리는 시간에 맞추어 목욕하러 갔다. 열탕에 들어가 온갖 잡념을 뜨거운 물에 담갔다가 찬물로 씻어 내리면 마음이 가벼워질지 모른다는 생각이 들었다. 열탕에 들어가니 뜨거워서 잠시를 견딜 수가 없었다. 용수철처럼 밖으로 튀어나와 찬물 폭포를 맞으러 가려는데 미끄러져 목욕탕 바닥에 내동댕이쳐졌다. 정강이가 탕 테두리에 부딪혀 붉은 피가 흥건하게 흘렀다. 넘어지면서 용을 쓰는 바람에 팔꿈치에 상처를 입고 손가락도 다쳤다. 참으로 찰나에 벌어진 일이었다. 그래도 가게 문은 열어야겠기에 응급치료를 받고 상처를 붕대로 감은 채로 불편한 다리를 움직였다.

여성 손님 두 분이 가게 문을 열고 들어오면서 주인을 찾았다. 내가 주인이라고 해도 믿지 않는 눈치였다. 필요한 그것을 물으니 놋그릇이고 했다. 손님이 낮은 곳에 진열된 놋그릇을 보기 위해 웅크리고 앉았다. 한참 살펴보던 손님이 잘 봤다면서 앉은 자리에서 일어서는 순간, '와장창!' 하는 소리가 나면서 뒤쪽에 쌓아둔 도자기 여러 개가 바닥으로 굴러떨어졌다. 이름 있는 작가의 작품이라 값이 만만치 않다. 제발 탈 없기를 바랐지만 나와 손님의 간절한 바람은 물거품이 되었다. 참으로 난감하고 힘든 시간을 보냈다. 꼬리를 물고 이어지는 사고가 두렵다.

마음의 평정을 이루기가 어려워 가게 문을 일찍 닫고 성당에 저녁

미사를 드리러 갔다. 복음 말씀도 신부님 강론도 귓전에 들리지 않았다. 내가 무엇을 잘못했기에 이토록 벌을 내리시는가 하는 의문만이 머릿속을 맴돌았다. 온갖 분심이 드는 중에 어느 책에서 읽은 "내가 두려워하는 이유는 오직 하나, 내가 고통을 겪을 만한 가치조차 없는 존재가 되지 않을까 하는 점"이라고 한 도스토옙스키의 말이 떠올랐다. 그래서 기도하는 수밖에 달리 방법이 없다는 생각을 하면서 두 손 모아 빌었다.

'주님! 평화를 주소서!'

눈을 감으니, "이 또한 지나가리라."라는 성경 구절이 생각났다. 다윗 왕은 반지 세공사에게 기쁠 때 교만하지 않고, 절망 속에서도 용기를 얻을 수 있는 글귀를 반지에 새기도록 요청했다. 이에 솔로몬 왕자는 "이 또한 지나가리라."라는 글귀를 제안하며, 삶의 모든 상황이 결국 지나간다는 진리를 새기게 했다. 성체를 모시기 전에 좌우 앞뒤 신자와 평화의 인사를 나누었다. "평화를 빕니다." "평화를 빕니다." 가장 간절한 마음을 담아 기도하고 악수를 청했다.

오늘처럼 진심을 담아 평화의 인사를 나누어 본 적이 없다.

## 나의 도반 찻사발

　삼십여 년 전, 포항에서 지인인 P. 회장의 다실에 초대받아 간 적이 있다. 그때 나는 적잖은 충격을 받았다. 그가 전통 도자기를 알리기 위해 일본어로 지은 『茶碗の祕と美』라는 책을 펼쳐놓고 우리 전통 도자기를 감상하면서 들은 이야기는 전통문화에 대한 인식을 새롭게 하게 했다. 조선 도공이 만든 막사발이 일본 국보로 지정되어 대명물 大名物 대우를 받고 있다는 사실이 이해되지 않았다. 오래전, 문화재를 되찾고 싶은 어느 재벌 회장의 매입 제안에 일본 당국자는 서울 남산과도 바꾸지 않겠다고 했다는 에피소드도 들었다. 그때의 일이 인연이 되어 나는 찻그릇을 다루는 일을 직업으로 삼고 있다.

　장마철이다. 거리는 열기에 지쳐 있고 더위 먹은 바람이 물기에 젖어 흐느적거린다. 무덥고 텁텁한 기운을 떨치려 다실에 들어 차를 우린다. 녹차 한 모금이 목젖을 적시자 쌉쌀한 차 맛이 온몸에 퍼진다. 입안이 상큼하고 정수리에 바람이 인다. 아름다운 모습을 볼 수 있고 느낄 수 있다는 사실이 오늘따라 축복으로 느껴진다. 흙이 물과 불을 만나 장인匠人의 혼을 담았으니, 작은 우주라고 할까. 두 손으로 살며시 사발의 허리를 감싸 잡으니, 미인의 허리처럼 부드럽다. 겉 울은 몸통의 몰래 선과 굽을 깎은 칼질 흔적이 손바닥에 감촉으로 전해진다. 굽에는 올몽졸몽 한 우윳빛 구슬이 수없이 엉겨 있어 매끄럽고 부드럽다. 입술은 도톰하지만 투박하지 않다. 입을 맞추니 금방이라도 감미로운 찻물을 입안으로 흘려줄 듯하다. 안 울을 보니 자연의 신비가 녹아 있다. 입술 안쪽으로 흘러내린 백색 유약의 요변窯變 흔적은 뭉게구름이 피어나는 형상이고, '포갬쟁이 구이' 하느라 생긴 눈 자국은 구름 속으로 비상한 용의 발자국인 듯싶다. 속살에는 찻물이 들어 은은한 차신茶神이 배어 있는데, 불 속에서 튄 재의 흔적이 은하수처럼 수도 없이 박혀있다. 찻사발과 통정하노라니 인연의 소중함이 새삼스럽게 느껴진다.

지난해 10월 초였다. 문경읍 '영남요'에서 전통을 재현하는 행사가 치러지고 있었다. '국가 무형유산 사기장 백산 김정옥 공개행사'였다. 국가 무형유산 백산 김정옥 사기장은 전통 망뎅이 장작가마와 발 물레를 고집하는 한국도예 거장으로, 유일한 사기장이다. 백산의 6대조로부터 손자 김지훈에 이르기까지 9대에 걸쳐 300여 년을 이어온 조선백자 전통의 맥을 공개적으로 보여주는 뜻깊은 행사였다. 세월은 시위를 떠난 화살처럼 아득하게 흘렀지만, 선대 장인이 살고 간 발자국은 전통문화로 이어지고 있다. 나라에서는 전통문화를 지키기 위해 1996년 백산 김정옥을 '중요 무형 문화재 105호'로 지정했다. 정부의 명칭 변경에 따라 '국가 무형유산 백산 김정옥 사기장'으로 바꾸어 기능과 예능을 후세에 전수하도록 지원하고 있다.

공개행사는 장인匠人이 직접 채취한 흙으로 그릇을 빚는 전 과정을 생생하게 보여주었다. 흰 무명 바지저고리를 입고 발로는 물레를 차고, 손으로 질이라 부르는 흙덩이를 다루는 모습은 참선의 경지에 이른 듯했다. 전통 가마에 불을 지피는 장인의 흰 무명옷이 불빛에 반사되어 은은함을 더하는데, 뚝뚝 떨어지는 땀방울이 옷깃을 흥건하게 적셨다. 그릇이 구워지는 모습을 보여주는 '도사리 구멍'을 응시하는 장인의 눈빛은 구도자의 염원을 담고 있었다. 붉은 소나무 땔감의 송진을 먹고 타오르는 불꽃이 은근하고 그윽한 춤사위를 벌리는 모습은 장관이었다.

영남요 부속 다실 벽에 걸려 있는 사진이 문경의 흙이 세상을 찾아가는 여정을 보여주었다. 오십여 년 전 초가지붕 망댕이 가마 옆에 서 있는 선생의 부친 모습과 우리나라를 방문했던 부시 전 미국 대통령을 비롯한 세계의 지도자와 손잡고 있는 선생의 모습이 그릇의 진화를 상징하고 있었다. 미국의 '스미스소니언' 국립 박물관을 비롯한 여러 나라의 유명 박물관에 소장되어 세계 여러 사람에게 우리 전통문화의 아름다움을 전하고 있다.

2010년 제1회 공개행사에 초대받은 건 행운이었다. 변변찮은 글을 써서 행사에 참석한 덕분에 나는 우리나라 유일 사기장의 혼이 담긴 작품을 상으로 받아 찻사발과 인연을 맺었다. 그 인연으로 차 생활의 도반이 된 찻사발이 힘들었던 탄생의 여정을 털어놓는다.

"내가 사발로 태어나기까지는 실로 어려운 여정을 거쳤답니다. 도공이라는 사람이 내 몸의 원료인 태토를 채취하더군요. 태토를 정제하는 수비라는 과정을 거쳐 도공의 손에 선택된 흙은 잘게 빻아져서 석간수로 걸러진 다음 진흙이 되었지요. 도공은 나의 전신인 진흙을 반죽해서 물레 위에 놓고 성형이라는 걸 합디다. 발로 물레를 돌리면서 정성껏 손으로 쓰다듬고 어루만져주는 덕분에 드디어 그릇이라는 모양을 갖추게 되었답니다. 그늘에서 휴식은 잠시고 이내 뜨거운 불에 들어갔다가 나와야 했습니다. 한 번도 힘들었는데 유약釉藥이라는 얇은 옷을 입고 다시 불가마에 들어가야 하는 것이 저의 운명이었습니다. 천삼백 도가 넘는 고온의 가마 속에서 온몸이 열두 시간 이상 굽혀진 다음에야 세상 구경을 하게 되었지요. 세상에 나왔다고 다 그릇이 되는 것은 아니었습니다. 도공의 마음을 얻지 못한 저의 동료 여럿이 파기波器가 되어 세상에 나오자마자 사라졌으니까요. 그래도 저는 차茶라는 귀한 물건을 담아내며 주인의 사랑을 받고 있으니, 운이 좋은 편이랍니다."

찻사발의 독백을 듣고 있노라니 행사 날 찻그릇을 감상하면서 사기장과 나눈 이야기가 생각난다. 어떤 찻그릇이 좋은 그릇인지 묻는 말에 "차인茶人들이 좋아하는 그릇이 가장 좋은 것이지요. 주인의 사랑을 받아 찻물이 흠뻑 든 찻그릇은 좋은 그릇이지만 자주 쓰이지 못하고 장식장에 있는 경우는 좋은 그릇이 못되지요."라고 담담하게 대답하던 사기장의 모습이 떠오른다.

찻사발과 무언의 대화를 나누는 동안 비는 그치고 파란 하늘이 구름 속을 들락거린다. 하늘도 구름도 세월 따라 흐른다. 다실茶室을 나오자니 미련이 남는다. 한 가문이 삼백여 년 동안 오로지 흙과 맺은 인연 덕에 흙에서 세상을 찾았다.

나 자신의 삶을 돌이켜 본다. 한 곳에 뿌리내리지 못하고 유목민처럼 살았다. 눈밭에 찍힌 새들의 발자국처럼 흔적 없이 한 줌 흙으로 돌아갈 날이 머지않다.

훅 불고 지나가는 한 줄기 바람일지언정 석양 길에서나마 함께할 도반道伴을 얻어 어루만지기만 하면 다선일미茶禪一味의 경지를 안겨 주니 얼마나 감사할 일인가.

## 이리 오너라

　여름방학이라서 여러 날을 집에만 있으니 심심해한다는 손자 녀석에게 선성현 문화단지 체험을 위해 예안 가는 길에 먼저 하회마을에 가서 익살과 해학이 깃든 탈 문화와 옛 선비의 삶의 흔적을 보여주고 싶었다. 점심때가 가까워져 하회마을 주차장에 차를 세워두고 '목석원' 앞 나무 그늘 평상에 자리를 잡았다. 코로나19 사태 때문에 함부로 어린아이를 데리고 식당에 가기가 조심스러워서 할머니가 점심을 준비해 왔는데 좋은 장소가 있어서 다행이다. 장승 명인이 운영하는 '목석원'은 각가지 장승과 솟대가 진열되어 있고 나무를 깎아 만드는 체험도 할 수 있는 소문난 명소다. 손자 녀석은 사모관대를 쓴 남자 장승을 보고 귀가 크다며 신기해하고 손녀는 익살스럽게 주름진 탈 모습 장승이 무섭단다. 전시실 안에는 하회탈 등 여러 가지 기념품이 전시되어 있고, 벽에는 엘리자베스 영국 여왕을 비롯한 유명 인사가 다녀간 기념사진이 많이 걸려 있어서 아이들의 호기심을 자아내게 한다.

하회마을 주차장 근처에 있는 '하회세계탈박물관'은 냉방 시설이 잘되어 있어서 더위를 식히면서 세계 여러 나라의 탈 문화를 접할 수 있는 피서 장소로 안성맞춤이다. 모양이 다른 아홉 가지 하회탈을 보고도 흥미를 느끼지 못하다가 턱 빠진 이매 탈의 전설을 이야기해 주니 재미있어하면서 자꾸 제 턱을 만진다. 생김새가 특이한 여러 나라의 탈이 이름에 맞추어 가지각색 옷을 입고 서 있는 모습을 보고 그 앞에서 흉내를 내면서 사진 찍어 달란다. 손자는 선비 탈이 좋고 손녀는 각시 딸이 예쁘다며 친구에게 줄 선물로 기념품을 사는 모습이 기특하다. 탈박물관에서 보았던 양반이나 선비가 살았던 기와집과 초랭이, 각시가 살았을지도 모르는 초가를 상상하면서 빨간 전동차를 빌려 타고 마을로 들어가는 길은 강바람이 시원하다.

초등 1년 손자와 다섯 살배기 손녀가 한옥이나 양반 이야기를 제대로 알아듣기를 바라지는 않았는데, 오래된 기와집과 소담한 초가가 어울려 있는 옛 마을 풍경이 신기한 듯 이것저것 질문이 많다. 기와집에는 글공부를 많이 한 선비가 살았다고 하니 초가에는 어떤 사람이 살았는지 궁금하단다. 마을 골목길을 걸으면서 하회마을에 살았던 선비, 양반 이야기를 해주지만, 어려서 그런지 반응이 신통찮아 다른 이야기하려던 참이었다.

"이리 오너라!"

"누구고?"

"아이코! 죄송합니다. 애가 양반 놀이 한다고~."

"예끼! 양반이 문고리를 흔들면 되나!"

한순간에 일어난 일이다. 고택의 솟을대문 근처에서 옛날 양반 이야기를 해주던 중에 호기심 많은 손자 녀석이 눈 깜작할 사이에 달려가서 대문 문고리를 잡아 흔들면서 냅다 소리를 지르는 바람에 모두가 놀랐다. 손자 녀석이 빈집인 줄 알고 양반 행세를 들은 대로 해 본 건데 진짜 양반이 나오니 혼비백산해서 골목 밖으로 달아난다. 갑자기 생긴 해프닝 때문에 초가집에도 들어가 보자던 손자 녀석이 발바닥이 뜨겁다는 엉뚱한 핑계를 대면서 칭얼대는 바람에 서둘러 예안으로 향했다.

하회마을을 나와 예안으로 향하는 길에 경상북도 새 도청의 웅장한 모습과 주변의 발전된 모습을 보면서 거미줄이 늘어만 가는 고향 마을의 빈집을 떠올린다. 경제가 발전되고 모든 것이 편해진 세상이지만, 삶은 더 고달파지고 행복하지 못한 서민이 너무 많다. 물질은 풍부해졌는데 굶어 죽는 사람이 생겨나고 인정은 메말라간다. 자연은 낭비를 일삼는 인간의 만용을 다스리기 시작했다는 징조가 여러 형태로 나타나고 있다. 문득 얼마 전에 읽은 강남 제일병원 원장의 '속 터진 만두' 이야기가 생각난다.

60여 년 전, 어린 남매가 서울의 언덕배기 달동네에서 앞을 못 보는 할머니와 살면서도 가난에 굴하지 않고 정직과 성실을 몸소 실천한 눈물 나는 사연이다. 배고픔을 참지 못하고 언 손을 녹이던 동네 만두집의 만두 하나를 훔쳐 먹은 동생을 야단치고 기어이 만두 값을 갚은 누나의 가르침이 있었기에 동생은 훌륭하게 자라 의사가 되었고 슈

바이처 정신을 연상하게 하는 참사랑의 좌표가 되는 아름다운 이야기다.

요즘 우리 사회는 인간의 배설물에 의한 폐해가 생존을 위협할 지경에 이르렀다. 생리 현상에 의한 배설이야 자연의 이치이니 거름이 될 수 있지만, 입을 통해 나오는 배설이 세상을 혼탁하게 하고 있으니 신은 급기야 입과 코를 틀어막지 않는가. 이기적 집단정신에 의한 배설이 '아전인수' 세상을 만들고 있다. 너 없는 나만의 존재는 불가능한데도 말이다. 그래서 옛 선비정신이 고고하게 느껴진다. 집안에 양식 떨어진 것은 부끄러워하지 않아도 글 읽는 소리 끊기면 패가망신을 걱정했다는 안동 사람의 선비정신을 아이들이 배웠으면 좋겠다. 아직은 어려서 재미를 못 느끼더라도 자주 와서 보면 배우는 게 있을 거라는 나의 작은 바람이다.

자동차는 달리는데 한더위에 지친 탓인지 꼬맹이들은 잠에 곯아떨어졌다. 모처럼의 선비고을 소풍에 선뜻 따라나서 준 어린 녀석들이 고맙고 대견하다고 생각하면서 예안의 시간을 기대한다. 가로수로 심어놓은 백일홍의 붉은 꽃이 어린 손자 손녀가 올곧은 인간으로 자라기를 바라는 할아버지의 염원처럼 타오르고 있다.

## 디지털의 늪에 빠지다

오래된 자료를 뒤적이다 어느 일간지에 실린 서평이 눈에 띄었다. 그 내용은 대략 이렇다. 뉴욕대학교 미디어 생태학 박사로 작가 겸 저널리스트인 '수잔 모샤트'라는 사람이 디지털 문화에서 탈출하는 실험을 했다. 호주 남부의 외딴섬에서 자신의 세 자녀와 함께 여섯 달 동안 전자매체의 전원을 끈 채 살아보는 체험을 한 것이다. 컴퓨터, 텔레비전은 물론 스마트폰이나 게임기 같은 디지털 문명의 이기를 치워버리고 살아보았다. 실험 초기에 아이들은 큰 충격을 받고 우왕좌왕하는 혼란을 겪지만, 시간이 지나자 야외에서 운동을 즐기고 책 읽는 횟수도 늘어났다. 그뿐만 아니라 악기 연주를 하거나 요리하는 등 각자의 재능을 발휘하기도 했다. 수잔은 실험으로 가족 간의 대화를 통해 일치감을 느끼고 정이 깊어지게 되어 가족 본연의 모습을 회복하게 되었다고 했다.

수잔은 실험 이야기를 『로그아웃에 도전한 우리의 겨울』이라는 책으로 펴냈다. 그 책에는 약 100년 전, E. M.포스터가 『하워즈 엔드』라는 베스트셀러 소설에서 "오직 연결하라."라고 촉구했다는 내용이 있다. 한 세기 전에 아직 전화기 문화가 정착되지 못했고 무선전신이 중요한 연결 수단이었던 시절이었음에도 오늘날의 디지털 문화를 예측하는 놀라운 혜안을 가졌다는 생각이 든다.

오늘날 기성세대는 아날로그 문화에 미련을 버리지 못하고 오히려 그리워하는데 세상은 급격하게 디지털의 늪으로 빠져들고 있다. 코로나19 사태가 끝을 모르고 이어지고 있는 바람에 사람들은 비대면 생활을 강요당한다. 얼굴을 마주 보고 얘기하고 직접 눈으로 보고 물건을 골라서 사거나 여럿이 모여서 단체 활동을 하는 데 익숙하던 사람들이 혼자서 모든 걸 해결해야 하는 급변 사태를 만난 것이다.

지금의 지구촌 사람들은 뜻하지 않게 수잔 모샤트의 디지털에서 탈출하는 실험과는 정반대의 디지털문화에 의존하는 삶을 살도록 실험당하고 있다는 사실이 아이러니하게 느껴진다. 아침에 눈을 뜨면 디지털시계의 깜빡이는 숫자를 통해 시간을 알게 되고, 습관적으로 텔레비전을 켜서 원하는 프로그램을 보게 된다. 전기가 내는 소리에 사방을 둘러보다 전날 저녁에 끄지 않은 컴퓨터가 혼자 돌아가고 있음을 알게 되는 때가 잦다. 컴퓨터 앞에 앉아 메일을 열어보고 여기저기를 헤집고 다닌다. 그새 탁자 위에 둔 휴대 전화기에서 메시지 수신음이 울린다. 메시지를 확인하고 나면 새롭게 시작되는 일과에 변수가 생기는 경우도 많다. 사람을 직접 만나지 않고 컴퓨터나 휴대 전화로 인터넷을 이용하여 물품을 사거나 서비스 따위를 제공받는 일이 일상화되고 있다.

　비 오던 어느 날, 매호천에서 송사리 떼를 찾느라 엎드렸다 휴대전화기를 물에 빠뜨렸다. 끄집어내어 열어보니 이미 먹통이다. 물기를 닦아내고 헤어드라이어로 말렸는데도 소용이 없어서 서비스 센터에 갔지만 수리할 수 없다는 판정을 받았다. 어차피 집콕 생활 중인데 며칠이라도 전화기 없이 지내보기로 했다. 일주일이라는 시간은 꽤 길었다. 차츰 세속의 일이 궁금해지기 시작했다. 멀리 있는 친구로부터 모처럼 얼굴 한번 보자는 연락도 올 것 같고, 첫사랑이 보고 싶다는 전화를 걸어올 듯싶기도 했다. 신문 방송 대신 보던 유튜브 뉴스도 궁금해진다. 부랴부랴 새로 전화기를 샀다.

　못 쓰게 된 전화기는 통화 기능만 망가진 게 아니었다. 저장된 모든 정보를 복원할 수 없게 되었다. 새 전화기로는 상대방에게서 걸려 오는 전화만 받을 수 있을 뿐, 내가 통화하고 싶은 사람은 전화번호를 모른다. 무인도에 버려진 사람처럼 세상과 단절된 기분이 들면서 안절부절못하고 일손이 잡히지 않는다.

　전화기를 바꾸는 바람에 일어난 해프닝이다. 친구와 모처럼 단풍 구경도 하고 콧구멍에 시원한 바람이라도 넣자고 산행을 약속했다. 약속한 날 아침, 오랜만의 외출 탓인지 그만 산행 약속을 잊고 여느 때와 다름없이 느긋하게 텔레비전 화면에 시선을 맞추고 있는데 전화기가 요란을 떤다. 친구 목소리였다. 그때야 아차 싶어 시간을 보니 약속한 시각보다 많이 지났다. 친구는 "어디쯤이냐?"라면서 "늦다고 전화 좀 해주면 안 되느냐."라고 다그쳤다. 자초지종을 설명하고 어떤 벌도 달게 받겠다는 변명을 여러 차례 되뇌고서야 겨우 양해를 구했다.

한동안 외톨이 신세가 되어 걸려 오는 전화번호의 주인공을 통해 잃어버린 전화번호를 복원하느라 골몰했다. 하필 전화기 없는 사이에 생긴 일 때문에 나중에야 용서를 구한 때도 있었고, 아직도 전화번호를 몰라서 연락을 못 해 처리하지 못한 일도 남아 있다. 하루하루가 답답하고 숨 쉬기 힘 드는 게 마스크 때문만은 아닌 듯싶다.

생각할수록 아이러니를 느낀다. 디지털 매체가 발달할수록 생활은 편리해지고 연결 범위는 넓어지지만, 인정의 바다는 메말라가고 외로움과 허기는 먹구름처럼 다가온다. 디지털 기기에 의한 연결이 오히려 한 개인을 섬에 가두고 고독을 안겨주는 바람에 사람들은 디지털에서 탈출을 꿈꾸던 중이었다. 기기와 연결보다 인간과의 연결이 그립고 그보다 자연과의 연결을 갈망하게 되었다. 그러나 자연은 디지털 문화에 중독된 인간을 가만두지 않았다. 인간에 의한 대량 생산과 대량 유통, 대량소비에 따른 대량 폐기물이 지구를 병들게 하고 결국 지구 온난화를 초래함으로써 자연은 코로나19와 같은 질병으로 인간을 응징하게 된 것이다. 오만한 인간의 욕심을 채워주기는커녕 반대로 디지털이 자정 능력을 잃은 인류를 아날로그 세상으로 유배 보내는 역설을 만들어내고 있다. 인류는 스스로 만든 디지털 문화의 블랙홀 속으로 빨려 들어가고 있다.

## 일체유심조 一切唯心造

　골목을 사이에 두고 우리 집 맞은편에 있던 국밥 식당이 문을 닫고 사 년쯤 된 듯하다. 음식 맛이 좋고 값도 싸서 손님이 꾸준히 이어졌는데 갑자기 문을 닫는 바람에 사연이 궁금했었다. 그간의 사정을 알게 된 건 식당 문 닫고 3년 가까이 지난 어느 가을날 저녁 때였다. 그 날따라 흐린 날씨에 바람이 심해서 을씨년스러운 데다 골목에는 오동나무낙엽이 지저분하게 뒹굴고 있었다. 국밥집 뒤 담장 사이에서 자라고 있는 오동나무가 우환거리가 되었다. 빈집이 된 이후 전에 잘라버린 밑둥치에서 싹이 돋아나 자란 오동나무의 높이가 어른 키 몇 배가 될 만큼 크고 가지도 무성해졌다. 나뭇가지 위로 지나가는 여러 가닥 전선 줄 사이를 뚫고 가지가 뻗어나 하늘 향해 키 자랑이라도 하는 듯한 모습이다. 낙엽을 쓸고 있는데 앞집 아주머니가 나와서 한마디 한다. "이놈의 오동나무 때문에 못살겠심더. 웬만하면 좋게 합의하면 될 걸 재판까지 할 게 뭐람." 불평과 원망이 쏟아지는 사이 그러잖

아도 궁금해하던 아내가 가세한다. "잘되던 식당을 왜 그만두게 하고 빈집으로 방치해 놓는지 알 수가 없네요." 앞집 아주머니와 국밥집 사장은 오래전부터 친하게 지내온 사이라 그간의 사정을 훤히 알고 있었다.

식당 집 앞 매호천변 도로에 접한 하천부지 일부를 식당 사장이 점용허가를 받아 꽤 많은 사용료를 내고 장사를 해왔는데 임차 기한이 되자 점용권을 포기하고 무조건 비우라고 하는 바람에 분쟁이 생겼고 급기야 법원에 소송이 진행 중이란다. 그동안 주인 모습은 볼 수 없었고 오동나무가 저토록 무성하게 자라도록 방치해서 태풍이 오면 나뭇가지가 전선에 걸려서 화재를 일으킬까 봐 늘 걱정하던 중이었다. 가을이 되면 손바닥만 한 오동나무 낙엽이 골목에 쌓여 주변 환경을 어지럽게 하고 나뭇가지가 골목으로 뻗어 나와 차량 통행에도 큰 지장을 주고 있다. 언제부턴가 이웃에 사는 주민들의 원성이 커지고 여러 사람이 주민센터나 구청에 민원을 넣어도 사유재산이라는 이유로 뾰족한 수가 없다고 해서 냉가슴만 앓았다. 나보다는 가게를 지키는 아내의 스트레스가 폭발 직전이었다. 이사를 하지 않고는 방법이 없기에 낙엽 쌓이는 가을만 잘 넘기자며 아내를 다독이면서 참아내고 있다.

매호천의 벚꽃이 꽃비를 내리는가 싶더니 어느새 나뭇잎이 자라 녹색 향연이 펼쳐지는 사월 하순 어느 날이었다. 가게 앞 골목에 깔끔한 양복과 화사한 원피스를 차려입은 청춘 남녀 한 쌍이 나타났다. 가게에 오는 손님인가 했는데 오동나무 밑을 맴돌면서 휴대전화기로 사진 찍기에 여념이 없다. 여자가 하늘 쳐다보면서 손가락으로 가리키면 남자는 사진을 찍어 여자에게 보여주면서 뭐라 뭐라 소곤거린다. 떨어진 오동나무꽃을 주워 손바닥에 올려놓고 마주 보면서 잔잔한 미소를 주고받는 청춘남녀의 모습은 그 자체가 이제 막 피어나는 꽃봉오리처럼 풋풋하고 싱그러워 보인다. 어떤 사이인지 모르지만, 청춘남녀의 오동나무꽃 감상 이벤트가 있고부터 꽃을 보느라 걸음을 멈추는 행인이 더러 보였다. 그런 모습은 전에도 있었지만, 내 마음에 오동나무가 없어서 보지 못했을 수도 있다는 생각이 들어 그날 이후 나도 오동나무를 다시 보게 되었다. 지난 몇 년 사이 4월이 되면 집 앞 골목에서 은은하면서도 그윽한 향기를 느꼈으나 화단의 꽃향기로 여기고 오동나무는 생각하지 못했다. 떨어진 꽃을 밟으면 그 추한 모습에 불편을 느끼고 치울 걱정이 앞섰는데, 이제 생각해 보니 오동나무는 죄가 없을 뿐 아니라 누군가에게는 사랑을 받기도 한다.

"오동나무야, 미안해. 내가 너무 몰랐던 거야!"

오동나무를 알기 위해 자료를 찾아보았다. 오동나무는 여러 가지 덕을 갖추고 있어 봉황이 날아드는 양반 나무로 알려져 있다. 나는 오동나무가 베푸는 여러 덕을 다섯 가지로 나누어서 오동나무의 오덕 五德이라 자칭해 본다. 첫째 덕은 강한 생명력이다. 나무를 베어도 뿌리가 남아 있으면 둥치에서 싹이 나서 잘 자라고, 씨앗이 바람에 날려 어떤 열악한 장소에서도 싹을 틔울 만큼 생명력이 강하다. 두 번째 덕은 빠른 성장 속도다. 어지간한 환경이면 한 해에 2~3미터나 키가 큰다. 일반 나무와는 달리 파랗고 연한 줄기가 길게 자라면서 목질화가 느린 까닭에 나무 중에 가장 빨리 키가 크는 특성이 있다. 세 번째 덕은 목재가 가볍고 질겨서 가구의 재료로 쓰이고, 거문고, 가야금 등 악기의 몸체가 되는 귀한 대접을 받는다는 점이다. 오래된 골동품이라고 애지중지 간직해 온 오동장롱이 안방에 있다는 사실이 떠오른다. 네 번째 덕은 잎과 줄기가 해열, 해독과 이뇨 작용에 도움이 되는 성분이 있어 귀한 약재로 쓰인다는 사실이다. 다섯 번째 덕은 나팔처럼 생긴 꽃이 예쁜 데다 달콤하면서 은은한 꽃향기가 진하고 멀리까지 퍼져서 꿀벌을 불러들여 상생하고 즐거움을 준다는 점이다.

빈집의 오동나무에 대한 부정적인 생각이 예찬으로 바뀐 인식의 전환은 우리 부부의 일상을 바꾸어놓았다. 이른 아침이면 빗자루 대신 휴대전화기를 들고 오동나무꽃을 쳐다본다. 탐스러운 꽃송이들이 가지마다 다복하게 달려서 수많은 종鐘이 매달려있는 듯하다. 떨어진 꽃을 주워서 자세히 살핀다. 청초한 데다 기품을 품은 연보라색 꽃이 은은한 향기를 사방으로 퍼트린다. 꽃말도 고귀함, 자존심이라서 군자 나무로 불리기도 한다. 떨어진 꽃송이들이 골목길을 덮고 있다. 전에는 치울 걱정부터 했으나 지금은 꽃방석으로 보인다.

조물주께서는 인간의 마음을 오묘하게 만들어 놓았다. 인간의 마음속에는 선과 악이 조화를 이루다가도 오관을 통해 외부의 영향을 받으면 욕망이라는 감성이 생겨 악의 세력을 키우기도 한다. 고대 희랍 철학자 플라톤의 '이데아' 이론을 이어받아 '그리스도교 철학'을 발전시킨 아우구스티누스가 말한 "인간은 이성으로 참됨을 찾는다."는 이론은 맹자의 성선설과 통한다. 맹자께서 말한 성선설性善說을 이해하기 위해서는 인간이 처음부터 착한 마음으로 태어났다는 설명만으로는 부족하다. 인간의 본성은 그렇다고 하더라도 감성이라는 작용이 있어 욕망으로 유혹하는 속성이 있기에 수기안인修己安人의 노력이 없다면 선의 본성을 찾아내기가 어렵다고 했다.

우리 부부가 오동나무 때문에 스트레스받고 괴로워할 때는 마음속에 사특한 감정이 세력을 떨치는 바람에 원망과 증오가 쌓였다. 오동나무만 보면 화가 나고 그 집주인을 증오했다. 그 바람에 아내는 병이 날 지경까지 이르렀다. 그러던 어느 날 찾아온 청춘 남녀 한 쌍이 마음의 행로를 바꾸어 놓았다. 환상적인 오동나무꽃 향기를 왜 전에는 느끼지 못하고 꽃의 아름다움도 진즉 보지 못했던가 뉘우치게 되었다. 마음을 다스리지 못한 탓이다. 원효대사의 일체유심조라는 화두에 얽힌 이야기가 뇌리를 스쳐간다.

# 팔공산 아미타여래 삼존불

덥고 답답하다. 연일 펄펄 끓는 가마솥 같은 더위가 이어지는 바람에 에어컨을 계속 켜대니 몸이 무거워지고 으슬으슬한 한기가 찾아온다. 캡슐같이 답답한 실내를 탈출해야겠다는 생각에 무작정 집을 나간다. 실외기가 내뿜는 열기는 도시의 기온을 높이는 부메랑이 되는 악순환이 반복된다. 찜통이 된 콘크리트 숲에서 탈출하려면 자연의 품에 안기는 길밖에 없다. 숲이 울창한 계곡에 가면 시원한 물줄기만 봐도 더위를 잊을 수 있으리라는 기대를 안고 팔공산의 품에 안겼다.

지난해 국립공원으로 승격된 팔공산은 그 산세가 봉황의 모습이라 하여 비로봉은 봉황의 머리이고 동·서봉은 양 날개라는 해설이 위키백과사전에 실려 있다. 팔공산의 형세가 삼존불 형상을 하고 있어 신령스러운 영산이라는 믿음이 널리 퍼져 있다. 한반도의 척추인 태백산맥 줄기에 자리한 명산으로 동화사를 비롯한 수많은 사찰, 암자가 있는 불국토라 불리기도 한다. 팔공산 전체가 하나의 절이 되어 주봉인 비로봉은 아미타여래 본존불이고 동·서봉은 협시보살인 관세음보살, 대세지보살이라는 말이 생길 만큼 산세가 웅장하고 신비를 품고 있다. 수많은 골짜기에는 기암괴석과 울창한 숲이 덮고 있어 생명의 보고로서 신비스러운 전설을 간직하고 있다.

뙤약볕은 벌에 쏘인 듯 따갑지만, 숲으로 그늘진 계곡물에 발을 담그니 폐부까지 얼음물이 차오르는 듯한 시원함을 느낀다. 정신이 맑아지고 평상심을 찾고 보니 일찍이 이광수가 애인이라 부른 그분을 만나보고 싶어진다. 경주 석굴암보다 늦게 알려졌지만, 백 년이나 먼저 만들어졌다는 군위 남산계곡의 삼존불을 만나러 삼존석굴사를 찾았다.

부계면 남산리 계곡 학소대라는 거대한 바위 절벽에 있는 천연 동굴이다. 계곡에 놓인 석불교를 지나니 스님들이 정진 중인 광명선원이 있고 비로자나불 좌상이 더위에 지친 중생을 맞아 준다. 모전석탑을 지나 참배단에 들어서니 기와를 얹은 울타리 담이 정겹다. 지면에서 약 20미터 높이 절벽 자연 동굴 안에 본존불인 아미타불이 좌불로 모셔져 있고 좌우에 관세음보살, 대세지보살 입상이 협시불로 안치되어 있다. 내 고향 의성 비봉산 대곡사에 모셔진 아미타불과 같은 모습을 만나니 반가움이 앞선다. 비로전 앞 돌다리를 건너면 석굴사원 입구에 오르는 계단에 이르는데 언젠가부터 계단 입구 문이 잠겨 있어 밑에서 쳐다볼 수밖에 없다. 멀리서 볼 때는 동굴 위 다소 높은 곳에 소나무 한 그루가 보였는데 밑에서 쳐다보니 석굴 지붕 바로 위에 서 있는 듯 보인다. 한밤마을에 전해오는 얘기에 의하면 1927년 11

월에 마을에 사는 불교 신자가 꿈속에서 부름을 받고 새끼줄을 소나무에 매고 줄을 타고 내려가 동굴을 발견해서 삼존불의 존재가 알려졌다고 한다. 당시 주민들 지혜로 세상에 알리지 않는 바람에 일제강점기를 무사히 넘기게 되었다. 1962년에 신문에 보도되면서 세상에 널리 알려지게 되었고, 이듬해 박정희 대통령께서 현장을 시찰하고 삼천만 원을 시주하여 석굴사원 계단과 석불교를 지었다고 한다. 바위 절벽에 뿌리를 내리고 오랜 세월을 한결같은 모습으로 살고 있는 소나무가 새끼줄을 매었다는 그 나무일 거라는 상상을 하면서 삼존불이 베푸는 육바라밀六波羅蜜을 마음에 새긴다.

흙도 물도 없는 바위 절벽에 새끼줄 매었던 그 소나무가 온갖 풍상 이겨내고 푸른 생명 이어가는 모습에서 부처님의 보시布施가 보인다. 관세음보살의 자비가 바위 위에 푸른 생명을 키우고 있다. 좁은 석굴 안에서 가부좌하고 단정한 모습은 지계持戒를 가르친다. 1,300여 년 장구한 세월 비바람 한서寒暑 이겨내고 근엄한 모습으로 변함없이 그 자리 지키고 있음은 인욕忍辱의 실천이다. 항마촉지인降魔觸地印으로 악마를 물리치고 오로지 중생에게 자비를 베풂은 끝이 없는 정진精進이다. 속세에서 들려오는 온갖 원망 불평에도 흔들리지 않고 무념무상이니 선정禪定의 경지에 들고, 삼천 배 올리는 사이 중생의 온갖 번뇌 사라지고 대세지보살이 지혜를 내려 반야심경般若心經을 가르친다.

아미타여래 삼존불 앞에서 육바라밀을 생각하는 동안은 더위도 잊고 시간 가는 줄을 몰랐는데 고개를 돌리니 참배단의 불전함이 보인다. 수많은 불자가 누구를 위해 기도를 바치고 무엇을 빌었을까? 하는 엉뚱한 생각이 나를 다시 사바세계로 이끈다. 팔순을 앞두고 있으니 참 많은 세월을 살았다. 탐욕과 어리석음, 갈증으로 점철된 지난 생을 돌이켜 보니 부처님 쳐다보기가 부끄럽다.

　동화사 금당선원에서 깨달음을 얻은 성철 큰스님의 돈오돈수頓悟敦壽 사상이 중생에게 큰 가르침을 남겼다. 성철 큰스님 주변에 사람이 구름처럼 몰렸지만, 친견하려면 누구든지 삼천 배를 올려야 된다는 조건이 붙었다고 한다. 부처님을 지극정성으로 섬기면 기도를 들어주리라고 생각하지만, 삼천 배에는 또 다른 심오한 이치가 숨어있는 듯하다. 성철 큰스님이 6·25동란 시절, 통영 벽발산에 있는 안정사 옆 '천제굴'에 주석할 때 길상화라는 불교 신도와 함께 찾아온 원명화라는 여인의 한 맺힌 살기를 풀어주기 위해 삼천 배를 시켰다는 일화가 있다. 마산에서 수산업으로 큰돈을 모은 남편의 바람기와 일탈행위 때문에 원한 맺힌 독기를 품고 있는 여인의 눈빛에서 살기를 본 큰스님이 법당에 가서 삼천 배를 올리고 오면 해법을 알려주겠노라고 했다. 불자가 아니었던 여인이 감당하기 어려운 큰스님의 말을 거부하려 하자 큰스님이 낫으로 여인의 값비싼 비로도 치마를 갈기갈기 찢으며 호통을 쳤다. "내 시킨 대로 안 하면 니 집 망하고, 니는 거지 되어 길거리 나앉을 끼다. 니 집 망하는 것은 시간문제다." 깜짝 놀란 여인이 두려움 끝에 큰스님이 하라는 대로 삼천 배를 올리고 나서 스스로 깨닫고 보시布施의 길을 찾았다는 이야기가 전해지면서 삼천 배의 유래가 되었다고 한다. 성철 큰스님은 "모든 사람을 부처님처럼 섬기기, 그것이 참 불교이다."라고 가르쳤다고 한다.

중년의 부부가 참배단에서 합장한 채 미동도 하지 않고 기도를 바친다. 태양의 열기가 금방 불꽃을 일으켜 살을 태울 듯한 뜨거운 날씨에 무슨 간절함이 있어 아미타불을 찾아왔는가? 성철 큰스님은 삼천배로 부처님을 섬기라 했지만, 법정스님은 절에는 부처가 없다고 했다. 「여보게, 부처를 찾는가?」라는 시에서 내 주위에 있는 부처는 보지 못하고 "사람이 만든 불상에만 허리 아프게 절만 한다"라고 했다. 또 "천당과 지옥은 죽어서 가는 곳이라고 생각하는가 살아있는 지금이 천당이고 지옥이라네"라 했다. 그러면서 "자네가 부처라는 것을 잊지 마시게 그리고 부처답게 살길 바라네 부처답게…"라고 끝을 맺는다. 불교에서 고통받는 내 이웃이 부처님이라 하듯이 그리스도교에서는 나를 고통스럽게 하는 그가 예수님이라는 말이 있다.

고개를 들어 석굴사원 동굴을 바라보니 오늘따라 동굴 속 석조 불상보다 동굴 위 소나무가 크게 보인다. 내 마음속에 불심이 없는데 부처님이 보일 리 없다. 부처님은 사바세계에 출장 중이시니 너도 속세로 돌아가 거기서 부처님을 만나란다. 절에는 부처가 없다는 법정 스님의 가르침을 무식한 중생이 어찌 알아듣겠는가?

가마솥 같은 열기를 내뿜던 태양도 서산으로 기울면서 기세가 꺾이니 돌아오는 발길이 가볍다. 터널을 피하고 한티재에 오르자 웅장한 팔공산의 위용이 드러나고 대구 시가지가 한눈에 들어온다. 마음속에 있다는 부처님 찾느라 골몰하는데 차 소리에 놀라 튀어나온 고라니를 검푸른 한티재 숲이 얼른 숨겨준다.

## 내연산 선일대 신송神松

　겨울 찬 바람이 옷깃을 여미게 하는 2월 초순 어느 날, 어둠을 뒤로 하고 집을 나섰다. 아침 식사를 목적지인 보경사 입구에서 하게 된 건 연초에 개통된 '동해선 철도' 덕이다. 보경사 해탈문을 지나 경내에 들어서니 우람한 노송이 아침의 고요를 깨고 천년 사찰의 오랜 역사를 알린다. '뎅그렁!' 하는 소리를 기대하면서 대웅전 추녀를 쳐다보니 풍경의 물고기가 바람을 타고 바다로 갔는지 보이지 않아 아쉽다. 대웅전 앞에 있는 300년 되었다는 반송의 아담한 자태와 요사채 안쪽의 400살 탱자나무가 만고풍상을 이겨내고 존재감을 자랑하는 모습이 못 들은 풍경 소리를 대신해 준다. 오층 석탑의 몸돌(탑신석)에 그려져 있는 문과 문고리, 자물쇠 그림의 의미가 궁금하다. 탑 속에 무엇이 들어 있을까? 상상하면서 옆을 돌아보니 일행은 저만치 계곡으로 가고 있다. 계곡으로 발길을 돌리는 순간 보경사를 지키기 위해 도열 중인 수많은 호위병을 만난다. 하나 같이 늘씬하고 잘생긴 데다 철갑을 두른 모습을 보면서 열병식에 참여한 키 큰 병사들을 떠올린다. 푸른 솔의 늠름한 기상이 느껴지고 솔향이 좋아서 나도 그 속에 들어가 한 그루 소나무가 되니 내 몸에서도 솔향이 나는 듯하다.

내연산과 천령산이 빚어낸 청하골은 내연산 계곡, 천령산 계곡, 보경사 계곡, 또는 십이 폭포 골 등 여러 이름으로 불리기도 한다. 계곡이 깊은 데다 기암절벽과 십이 폭포가 만들어낸 절경은 소금강이라는 명성을 얻고 있다. 계곡에서 첫 번째로 맞이한 상생 목포는 나란히 있는 두 개의 물줄기가 얼어 있는 모습이 속살 보이는 게 부끄러워 하얀 광목천 이불을 뒤집어쓴 듯하다. 얼음 속으로 흐르는 물소리가 간간이 들려오는 산새 소리에 섞여 알몸으로 잠든 겨울 산에 불러주는 자장가처럼 들린다. 여섯 번째 폭포인 관음 폭포에 이르러 깎아지른 듯한 붉은 절벽을 보면서 수채화 한 폭을 감상하는 착각에 빠진다. 너럭바위에 앉아서 좌우를 살피니 북쪽에 학소대가 구름다리 위에 솟아있고 남서쪽에 죽순을 묶어 놓은 듯한 비하대 절벽이 성벽처럼 보인다. 구름다리를 건너가자 가장 크고 깊은 연산 폭포가 얼굴을 드러낸다. 연산 폭포 주변 바위에 새겨놓은 셀 수 없이 많은 이름을 보면서 혹시라도 아는 이름이 있을까 싶어 살피던 중 연산 폭포의 좌측 바위에 '鄭敾 甲寅 秋'라는 탐승 각자刻字가 선명하게 보인다. 겸재 정선이 그림을 그리기 위해 이처럼 험한 계곡을 어떻게 왔을까 하는 궁금증이 생긴다. 선비들이 말을 타고 절에 와서 스님이 메는 '남녀'라는 가마에 앉아 계곡을 오르는 모습을 상상하면서 조선 시대 억불숭유 정책으로 스님들이 받았을 고통에 대한 연민을 안고 계단을 오르자 얼마 가지 않아 갈림길이 나온다. 은(음) 폭포 방향과 선일대 방향을 알리는 이정표가 따로 서 있고 오른편 봉우리 입구에는 금줄이 처져있다. 앞서간 P 박사가 금줄을 넘는 모습을 보고 팔순을 훨씬 넘긴 노인이 혹시라도 사고를 당할까? 염려되어 몇 번이고 말렸지만 허사였다. 10여 년 전 여름에 왔을 때 들었던 얘기로는 절벽에서 떨어지거나 폭포의 소에 빠져 죽은 사람이 여럿이라고 했다. P 박사는 기어이 보고 싶은 소나무를 보고 유유히 걸어 나와 곧장 선일대로 향한다. 나이가 적으면서도 용기가 없어 말리는데 급급했던 나를 뒤로하고 말없이 덱 계단 오르는 뒷모습이 나무 타는 다람쥐처럼 가벼워 보인다. 600개에 가까운 계단을 오르자니 땀은 범벅이고 발끝은 계단에 자꾸 걸린다. 숨을 헐떡이며 선일대에 오르자 확 트인 전망에 햇볕은 따사롭고 멀리 보이는 완만한 능선의 곡선미가 엄마의 젖가슴처럼 부드럽고 은은하다. 아래로 내려다보니 수많은 기암절벽에 소나무가 서 있는 모습이 환상적이다.

　P 박사가 정자 앞에 세워져 있는 안내글을 읽고 겸재 정선의 '내연산 삼 용추도'와 겸재 소나무에 관한 이야기보따리를 풀어 놓는다. 비하대에서 본 소나무 사진을 찍어 최초로 겸재 소나무라고 명명한 '기청산 식물원' 이삼우 원장께 확인하는 열정까지 보였다. P 박사가 위험을 무릅쓰고 비하대 절벽에 오른 까닭이 겸재의 내연산 폭포 그림 속에 있는 소나무를 보기 위함이었다는 사실을 알고 나서야 그의 모험을 이해할 수 있었다. '내연산 삼 용추도'와 부채에 그린 '고사의송관란도'에 관해 잘 몰랐던 데다 사고 날까 봐 미리 겁먹고 조바심을 냈

으니 부끄럽다는 생각이 든다. 현재 있는 정자에서 20여 미터 거리에 있었다는 선열암禪悅庵 옛터를 찾아보려고 눈알을 굴리는데 바로 앞 평평한 바위에 가지를 세 갈래로 벌린 채 당당하게 서 있는 소나무 한 그루가 눈길을 멈추게 한다. 키는 그리 크지 않아도 수세가 좋고 물을 찾아 바위 위에 여러 줄기로 뻗어있는 뿌리를 보면서 소나무의 끈기와 대단한 생명력에 전율을 느낀다. 먼 옛날, 먼지 먹은 바람이 절경에 취해 쉬어가면서 바위의 움푹한 곳에 한 줌도 안 되는 먼지를 떨구어놓으니 먼지에 묻혀온 솔씨 하나가 싹을 틔운다. 밤에 내린 이슬과 눈비 바람이 날라주는 눈곱만큼도 안 되는 물기로 어린싹은 삶을 이어가지만, 늘 허기에 시달리면서 얼마나 긴 인고의 세월을 살았는지 짐작도 할 수 없다. 어린 소나무의 몸피가 커지면서 더 많은 물을 찾는 뿌리가 바위를 감싸고 뻗어나간 모습에서 대자연의 위대함을 느낀다. 북풍한설 이기고 산꼭대기 바위에서 끈질긴 생명력으로 장구한 세월을 살아가는 소나무의 강인한 생명력을 보면서 나는 신송神松이라는 이름을 붙였다.

 바위 소나무의 끈질긴 생명력이 나 자신의 지난날을 되돌아보게 한다. 가난한 농사꾼의 일곱 남매 맏이로 나서 어렵게 학업을 마치고 당시에는 안정된 직장으로 여기던 은행에 입사해서 편안한 생활을 누렸다. 부족함이 없는 직장 생활에 안주하고 자기 계발에 소홀한 채 잡기에 빠져 금쪽같은 젊은 시절을 허송세월한 후회가 나이를 먹을수록 더해진다. 서울로 부산으로 이사를 여섯 번이나 하면서 한곳에 진득하게 뿌리를 내리지 못한 후유증이 적지 않았다. 아이들에게는 잦은 전학으로 교육상 많은 어려움을 주었다. 퇴직 후에도 삼십 년 가까운 세월을 지향 없이 살았던 지난 시간이 아쉽고 평생을 진득하게 한 우물을 파지 못한 회한이 파도처럼 밀려온다. 뒤늦게라도 숲과 인문학에 재미 붙여 책 읽는 습관을 들이게 된 건 다행이라는 생각하면서 글을 읽을 수 있고 가보고 싶은 곳에 갈 수 있는 건강을 준 데 감사할 뿐이다.

  신송의 푸른 정기를 듬뿍 받은 채 하산하는 계곡 길에는 솔향 머금은 겨울바람이 불어와 속세에 전 땀을 말린다. 폭포 계곡을 지나 내리막길에 접어드니 긴장이 풀려서인지 종아리가 아프고 걸음이 느려진다. 잠시 길섶 바위에 앉아서 내려오던 길을 되돌아본다. 수많은 기암절벽에 자라는 소나무를 보면서 생명의 신비와 자연의 조화에 숙연해지면서 내 마음속에도 선일대 신송 같은 푸른 솔 한 그루 자라길 염원한다.